청령국지
蜻蛉國志

청령국지

蜻蛉國志

18세기 조선 지식인의
일본 인문지리학

이덕무 저 | 박상휘 · 박희수 역해

규장각 014
새로 읽는
우리 고전

아카넷

차례

해제 9

부록

일러두기

1. 본서의 저본은 『청장관전서(靑莊館全書)』 所收 『청령국지(蜻蛉國志)』(한국문집총간 259)이다.

2. 흥미로운 부분을 몇 군데 뽑아 번역하는 선역(選譯)의 방식을 취하였다. 번역은 가독성을 고려한 의역을 원칙으로 삼았다. 본문 해설에서 기존 번역서를 인용한 경우 서지사항을 밝히고 필요시 번역문을 약간 수정하였다.

3. 한자 병기의 경우 한국어 한자음만 사용된 경우는 괄호를, 일본어 한자음이 포함된 경우는 대괄호를 사용하였다.
   (예) 왜경(倭京), 오사카[大阪], 도쿠가와 막부[德川幕府]

4. 일본의 인명·지명·관직명은 되도록 일본어 발음대로 표기하는 것을 원칙으로 하되, 한국어 발음으로 표기하는 것이 낫다고 판단되는 경우는 한국어 발음으로 표기하고 표기에 일관성을 지키도록 하였다. 일본어 발음을 한글로 적을 때에는 국립국어원 외래어 표기법을 따랐다.

5. 한문 원문에 표점을 부기하였는데, 편의상 미주에 인용된 원문에는 고유명사에 밑줄 처리를 하지 않았다. 원문에 연문(衍文) 등이 보이는 경우 교감주를 달아 바로잡았다.

6. 본문의 주석은 지나치게 번다해지는 것을 피하기 위해 꼭 필요하다고 생각하는 경우에 한하여 달았다. 간단한 내용은 괄호 안에 역주를 부기하였다. 별다른 표시가 없는 경우 괄호주는 모두 본서에서 단 것이다.

7. 부록에 이서구(李書九)와 유득공(柳得恭)이 각각 쓴 『청령국지』 서문」을 번역하여 첨부하였다. 또, 관련 전공자를 위하여 『화국지』의 목차, 『화한삼재도회』의 목차, 『청령국지』 인용 목록에 관한 도표를 함께 첨부하였다.

8. 이 책은 공동작업으로 만들어졌다. 박상휘는 『청령국지』 원문에서 번역할 부분을 선택하고, 그에 대해 해설을 썼으며, 본서 해제, 작자 소개글, 인용 삽화의 캡션, 부록에 첨부된 도표를 작성하였다. 박희수는 『청령국지』 원문과 두 편의 『청령국지』 서문」을 번역하였으며, 아울러 책 전체의 윤문과 교정을 맡았다.

9. 이 책에 수록한 그림 가운데 국제일본문화연구센터(国際日本文化研究センター)에서 제공한 그림은 출처를 밝혔고 그 외 그림은 모두 국립국회도서관디지털컬렉션(国立国会図書館デジタルコレクション)의 도움을 받아 수록했다.

18세기 조선 문인들은
'일본'이라는 타자를 어떻게 이해했나

나는 일찍이 이윤암(李綸菴)의 집에서 어느 인부(人夫)를 보았다. 그는 강원도 동해의 바닷가에 사는 사람으로 바다에 표류하여 일본에 이르렀는데 나가사키[長崎]를 지나면서 많은 이국(異國) 사람을 보았다고 한다. 내가 아란타(阿蘭陀: 네덜란드)[1] 사람을 보았는지 묻자 그는 봤다고 했다. 내가 그 용모와 의복을 자세히 말해보니, 그 사람은 "과연 그렇습니다. 공(公)께서도 나가사키를 유람한 적이 있으십니까?"라고 하였으니, 나는 웃으면서 "직접 가본 적은 없지만 자연스럽게 알았다"라고 말했다.[2]

이 글은 이덕무가 이윤암, 즉 이희경(李喜經)의 집에서 만난 한 남자와의 대화를 술회해서 쓴 것이다. 도쿠가와 막부[德川幕府]는 나가사키에 한정하여 중국과 네덜란드와의 무역을 허가하였다. 이 때문에 당시 나가사키에는 많은 네덜란드 사람들이 있었다. 이덕무는 나가사키에 표착한 인부의 기억 속에 남아 있는 네덜란드 사람의 용모와 옷차림을 그대로 묘사하였다. 그런데 일본에 직접 가본 적도 없는 이덕무가 어떻게 나가사키에 출입하는 아란타 사람의 생김새를 말할 수 있었던가? "직접 가본 적은 없지만 자연스럽게 알았다"라는 이덕무의 말은, 가보지도 않은 나라에 대한 지식을 자연스럽게 드러낼 수 있을 만큼 이덕무가 평소부터 외국 사정에 관심을 가지고 있었음을 말해준다. 그는 끊임없이 자신의 지적 세계를 외부에 확충하려는 자세를 가지고 있었다.

그가 일본 쪽으로 지적 관심의 폭을 넓힐 수 있었던 것은 두 책 덕분이다. 하나는 에도 시대[江戶時代] 일본 의사가 쓴 『화한삼재도회(和漢三才圖會)』라는 책이고, 또 하나는 통신사로 일본에 다녀온 조선 문인이 쓴 『화국지(和國志)』라는 책이다.[3]

『화한삼재도회』는 오사카[大阪]의 의사 데라지마 료안[寺島良安]이 쓴 책으로 예부터 전해진 중국과 일본의 사물을 천문, 지리, 일용품, 식물, 생물 등으로 나누어 해설한 백과전서이다. 서문이 1712년에 기록되어 있는 것으로 보아 이 시기에 간행된 것으로 추정된다. 이 책은 일본뿐 아니라 조선에서도 널리 읽혔다. 에도 시대 일본 문인들은 한문으로 글을 썼다. 이 책도 모두 한문으로 되어 있다. 이 때문에 조선의 문인들도 접근할 수 있었던 것이다. 이 책을 쓴 데라지마 료안의 직업은 의사였다. 그런데 동물, 물고기, 일용품, 무기, 농구, 장식품, 지리 등 의학과 그리 상관 없는 사항에 대해서도 자세히 해설하였다(『화한삼재도회』의 목차는 부록 3을 참조).

그는 인간사회와 자연세계에 존재하는 온갖 사물들에 대한 내용을 '화한(和漢)', 즉 일본과 중국의 문헌을 참조하여 서술하였는데, 그 서술의 특징으로 크게 네 가지를 들 수 있다. 첫째, 비교문화적 관점의 채용이다. 특정한 사물이나 현상에 대한 서술은 대개 중국 문헌과 일본 문헌에서의 서술을 함께 소개한 뒤 자신의 의견인 안설을 부기하는 방식으로 되어 있었고, 안설이 빠져 있더라도 양국 문헌에 실린 객관적인 사실에 대한 기술을 함께 소개하는 방식을 취하였다.

둘째, 정보 전달을 돕기 위해 삽화를 빈번히 사용한 점이다. 예를 들어 '지(指)'라는 항목에는 손가락을 그린 그림과 더불어 다섯 손가락의 명칭이 표기되어 있고, '관(冠)'이라는 항목에서는 갓을 그린 그림과 명칭이 자세히 기록되어 있다. 동물이나 식물을 설명할 때는 각기 그 그림을 그렸다.

셋째, 의학적인 시각이나 관심을 퍽 드러내었다는 점이다. 이는 저자의 직업이 의사였다는 것과 관계가 있는 것으로 보인다. 예컨대 권11 「경락부(經絡部)」와 권12 「지체부(支體部)」는 인체와 신체 부위를 설명한 대목이 상당히 상세하며, 인간의 내장과 혈맥을 해설한 대목에서는 자세한 그림을 덧붙였다. '비(鼻)'라는 항목에서는 중국의 의학서의 내용을 언급한 다음, '비지용(鼻之用)'이라는 소제목을 부기하여 콧물, 재채기, 코골이 등에 대해 의학적으로 분석하였다.

넷째, 사물의 효능에 대해 관심을 갖는 실용적 태도를 취하였다는 점이다. 이는 앞서 언급한 의학적 관심과도 연결되는 측면이 있다. 예

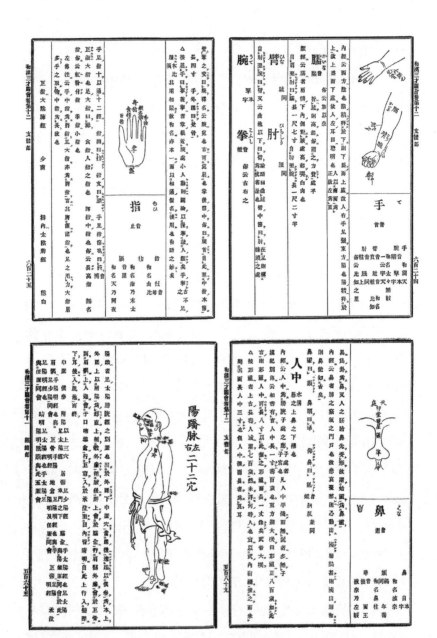

컨대 바다에서 채취할 수 있는 해초가 인간의 몸에 어떤 영향을 끼치는지, 물고기의 어느 부위가 어떠한 의학적인 효과를 가지는지, 산에서 채취할 수 있는 산나물과 식물 가운데 사람의 건강에 좋은 것 또는 독성이 있는 것이 무엇인지, 어떤 초목이 어떠한 증상에 잘 듣는 것인지 등 사물이 우리의 신체에 어떠한 영향을 끼치는지를 살폈다. 예컨대 「토복령(土茯苓)」이라는 항목에서 "토복령은 매독을 치유할 수 있다. 효험을 본 사람은 집안의 비법으로 삼는다"라고 하고서 "고름이 다 빠지고 딱지가 앉을 때에 쓰면 좋고, 마비와 통증을 영원히 면할 수 있다"라고 하였다.[4] 말하자면 어떠한 사물을 논할 때 그 사물의 형체나 색깔 등을 기술할 뿐 아니라 그 사물의 활용법이나 효능을 꼭 기록한 것이다. 이러한 『화한삼재도회』의 실용적인 측면 또한 이덕무의 관심을 끌었다고 생각된다.

이덕무가 이 책에서 특히 관심을 가진 대목은 권13의 「이국인물(異國人物)」과 권14의 「외이인물(外夷人物)」이다. 「이국인물」에는 조선, 유구(琉球), 안남(安南) 등 일본 주변국의 문화, 풍습, 언어 등이 언급되어 있고, 「외이인물」에는 「이국」보다 더 먼 곳에 위치하는 낯선 나라의 문화가 기록되어 있다. 「외이인물」의 첫머리에는 "외이(外夷)는 횡문자(橫文字: 가로쓰기로 쓰는 문자)를 사용하고 중화의 문자를 모르며 식사할 때도 젓가락을 쓰지 않고 손으로 잡아서 먹는다"[5]라는 말이 있다. 즉 한자와 젓가락의 사용 여부가 '이국'과 '외이'를 구별하는 기준이 된 것이다. 이 「외이인물」에 '아란타(阿蘭陀)'라는 소제목으로 네덜란드의 문화, 풍속, 일본과의 관계 등을 기술한 글이 수록되어 있다. 거기에 "그 나라 사람들은 피부색이 하얗고 머리카락은 붉고 코가 높고 눈이 둥글다"[6]
라는 말이 있다. 이 책을 통해 이덕무는 본 적도 없는 외국 사람의 용모
를 머릿속에서 그려낼 수 있었던 것이다.

　이덕무가 일본에 대한 지식을 얻는 데 의거한 또 다른 책인『화국지』
는 원중거(元重擧)가 쓴 것이다. 원중거는 이덕무와 절친하게 지낸 문인
으로 1763년부터 1764년에 걸쳐 통신사로 일본에 다녀왔다. 그는 일본
에서 돌아온 후 일본에 대한 책 두 권을 썼다. 하나는『화국지』이고, 또
하나는『승사록(乘槎錄)』이다. 이『승사록』은 일기체로 된 책으로 일본에
서 보거나 들은 것들을 기록한 것이다. 이 책에는 원중거가 오사카에서
네덜란드 사람을 보았을 때의 일이 적혀 있다. 그 자신은 직접 보러가
지 않고 역관들을 보냈는데, 이 역관들에게 들은 대로 "눈이 우묵하고,
눈동자가 빛나서 개와 같았고 모두 몸이 장대했다"[7]라며 네덜란드 사
람들의 외모와 옷차림을 자세히 묘사하였다. 이덕무는 원중거와 깊이
교류하였기 때문에 평소부터 일본에서 실제로 겪은 것들을 들을 수 있
었다. 직접 보지도 않았던 네덜란드 사람의 외모를 '자연스럽게' 알 수
있었던 것은 이덕무의 옆에 일본에 대한 지식을 제공해주는 인물이 있
었기 때문이다. 말하자면 일본을 알기 위한 지적 환경이 이덕무 주변에
갖추어져 있었던 것이다.

　원중거의『화국지』는 일본의 역사, 문화, 풍속 등에 대해 쓴 책으로
일본의 전체상을 파악할 수 있도록 구성되어 있다(『화국지』의 목차는 부
록 4를 참조). 원중거는 이 책을 쓸 때 우선 객관적인 관점에서 역사적
사실이나 사물의 특징을 기술한 다음, 각 항목에 대해 안설을 부기하여

자신의 의견이나 생각을 덧붙였다. 즉 『화국지』는 『화한삼재도회』와 비슷한 방식으로 서술되어 있다.

　이덕무는 일본 의사가 쓴 백과전서와 사절로 일본에 다녀온 조선 문인이 쓴 일본 관련 기록을 토대로 일본에 대한 지식을 모아서 책을 엮었다. 그 책이 『청령국지(蜻蛉國志)』이다. '청령'이란 '잠자리'라는 뜻이다. 이 제목도 두 책에서 가져온 것이다. 『화한삼재도회』 권64에 수록된 '일본'이라는 항목에는 예부터 일본이 어떻게 호칭되었는지가 나열되어 있다. 그중에 '도요아키쓰시마[豊秋津洲]'라는 명칭이 있다.[8] 이 명칭의 밑에 작은 글자로 "진무천황[神武天皇]이 국호(國號)로 삼은 것으로 아키쓰[秋津]란 잠자리의 일본어 명칭이다. 나라의 형체가 잠자리와 유사하기 때문에 이름 지은 것이다"[9]라고 쓰여 있다. 원중거도 『화국지』에서 지형이 잠자리와 비슷하기 때문에 일본을 '청령국(蜻蛉國)'이라고 부르기도 한다고 언급하였다.[10]

　'잠자리의 나라에 대한 기록'이라는 뜻인 『청령국지』는 주로 다섯 종의 일본 관련 서적을 인용하여 썼다. 『화한삼재도회』와 『화국지』 외에 이덕무가 자주 인용한 책은 『해동제국기(海東諸國記)』, 『간양록(看羊錄)』, 『화한명수(和漢名數)』이다. 『해동제국기』는 1443년에 사절로 일본에 다녀온 신숙주(申叔舟)가 남긴 기록이다. 『간양록』은 정유재란 때 일본군에 연행된 강항(姜沆)이 쓴 책이다. 『간양록』에는 그가 일본에서 1597년부터 3년 동안 억류 생활을 하면서 겪은 일들이 기록되어 있다. 『화한명수』는 가이바라 에키켄[貝原益軒]이라는 에도 시대의 학자가 쓴 책이다. 1689년에 『화한명수증보(和漢名數增補)』가 간행된 것으로 보아[11] 이 시기에 저술된 것으로 생각된다. 이 책 또한 조선에서도 읽혔다.

이덕무는 이 책들의 내용을 취사선택하는 방식으로 서술하였다. 예를 들면 『청령국지』에 다음과 같은 글이 있다.

> 부모의 기일에는 재계(齋戒)하거나 소식(素食)하지 않기도 하나 신인(神人)의 기일에는 절대로 생선이나 육류를 먹지 않는다. 예순여섯 개 주의 크고 작은 신기(神祇)의 총수는 3,132좌(座)로 헤아려지며, 사(社)의 수는 2,861곳, 신궁(神宮)의 수는 27,613곳, 불우(佛宇)의 수는 2,958곳으로 헤아려진다. 왜경(倭京: 교토를 말함)에는 사찰이 404곳이 있는데 이름난 승려가 이적(異蹟)을 행한 자취가 많아 승도(僧徒)들이 그곳을 대대로 돌본다. 승려 중에는 품계가 높고 봉록을 후하게 받는 이가 많아 집정(執政)이나 태수(太守)와도 대등한 예를 행한다.[12]

'신기(神祇)', '사(社: 야시로라고 함)', '신궁(神宮)'은 모두 일본 고래의 신을 모시는 곳이고 '불우(佛宇)'와 '사찰'은 부처를 모시는 곳을 가리킨다. 이덕무는 부모의 제사보다 신도(神道)에서 말하는 '가미[神]'의 기일을 중요시하는 일본 고유의 민속 신앙을 기록한 것이다. 얼핏 보면 아무것도 아닌 글처럼 보이지만, 이 글은 모두 이전의 일본 관련 자료에서 가져온 것이다. '부모의 기일'부터 '먹지 않는다'까지는 강항의 『간양록』을 인용한 것이고,[13] 일본의 '신기'와 '야시로'의 수는 『화한명수』에 기재된 것이고,[14] '신궁'과 '불우'의 수 또한 『간양록』에서 가져온 것이다.[15] '왜경에는 사찰이 404곳' 이하는 모두 『화국지』의 내용을 간추려서

인용한 것이다.[16]

　이처럼『청령국지』는 여러 텍스트의 인용으로 구성되어 있다. 이 때문에『청령국지』를 상세히 독해하기 위해서는 이덕무가 어느 부분을 어느 텍스트에서 가져왔는지를 알아봐야 한다.[17]『청령국지』는 세계도(世系圖), 세계(世系), 성씨(姓氏), 직관(職官), 인물(人物), 예문(藝文), 신불(神佛), 팔도육십팔주도(八道六十八州圖), 여지(輿地), 풍속(風俗), 기복(器服), 물산(物産), 병전(兵戰), 이국(異國)으로 구성되어 있다. 이덕무는 항목마다 과거의 텍스트에 기재된 내용을 인용하면서 기술하였다(부록 5에서 그가 인용한 부분을 표로 제시하였다).

　「세계도」는『화한명수』「역세제칠(歷世第七)」에 기재된 일본 천황의 세계도와 동일하다. 이덕무는 천황의 계통을 도표로 제시한 다음, 천황의 호(號)와 통치연대를 기록하였다. 천황의 계통은『화한명수』,『화한삼조도회』,『화국지』를 참조하며 기술한 것이다. 천황이 어떻게 지내고 있으며, 일본 민중들은 천황을 어떠한 존재로 인지하고 있는지에 대한 기술은 주로『화국지』에 의거하였다.

　「성씨」에서는 대대로 일본에서 권세를 가진 유력 집안의 내력을 기술하였고, 「직관(職官)」에서는 일본의 관직제도를 소개하였다. 일본의 관직제도에 대한 내용은 거의 대부분『화한삼재도회』에서 가져왔다.

　「인물」에서는 일본인의 일반적인 이미지를 시작으로 주로 일본의 정치인과 문사의 인물상을 묘사하였다. 일본의 역사상 어떠한 인물이 권력을 장악하여 일본을 지배했는지가 기술되어 있는데,『화국지』에서 많이 인용한 것이 특징적이다. 특히『화국지』「관백지시(關白之始)」에서 많이 인용하였는데, '관백지시'의 '관백'이란 간파쿠, 곧 천황을 대신해 정치를 행하는 인물을 가리킨다. 원중거는 천황으로부터 정치권력을 빼앗아 자신의 정치적 영향력을 확대하기 위해 군대를 동원하여 싸우는 무사들끼리 권력을 놓고 투쟁한 역사를 기술한 다음, 도쿠가와 이에야스[德川家康]가 막부(幕府)를 세워 평온한 상태를 유지하게 된 과정을 기록하였다. 이덕무는 일본의 역사를 주로『화국지』에 의거하여 기술하였다. 또 이덕무는 백제(百濟)의 아직기(阿直岐)가『역경(易經)』을 비롯한 중국 고전을 가져온 이후부터 일본에서 유교문화가 발전하였음을 밝히고서 후지와라 세이카[藤原惺窩]를 비롯한 일본 문사들의 내력을 기록하였는데, 이 또한『화국지』를 참조한 것이다. 이덕무는 일본의 정치와 문학을 견인한 사람들의 인물상을 묘사함으로써 일본의 역사를 조감하였다.

「예문」에서는 주로『화한삼재도회』에 의거하여 일본이 대륙에서 어떻게 문자와 학문을 수용했는지, 고대에서 중세에 이르기까지 일본에 어떠한 문학자가 있었는지, 그리고 일본의 히라가나와 가타카나, 고유 한자어 등을 기술하였다. 그는『화한삼재도회』를 통해 대륙에서 꾸준히 선진문화를 수용하는 일본의 모습에 주목한 바 있다.

일본에서는 전통적으로 신도(神道)와 불교가 널리 침투하였다. 「신불」에서는 일본에서 숭배되는 신(神)이나 승려, 일본인의 종교생활을 다루었다.『화국지』에는 일본인의 종교생활에 대한 사항이 상술되어 있다. 이덕무는『화국지』를 참조하여 일본에서 신도가 일본인의 종교의식에 상당히 깊이 뿌리를 내리고 있으며, 불교도가 큰 사회적 영향력을 가지고 있음을 기록하였다.

『청령국지』의 중간에 수록된 일본의 지도는 『화국지』에 실려 있는 지도와 동일하다. 「여지」에서는 일본의 지리와 지형을 설명하였다. 주목할 만한 점은 오사카[大阪], 교토[京都], 에도[江戶], 즉 이른바 삼도(三都)에 대해 자세히 기록한 점이다. 이는 원중거가 『화국지』에서 일본의 도시구조를 자세히 서술하였기 때문이다. 오사카는 당시 일본의 상업도시로 경제의 중심지였고, 교토는 대대로 천황이 살고 있던 곳으로 문화가 성행하였고, 에도는 도쿠가와 막부의 도읍지로 정치의 중심지였다. 이덕무는 『화국지』를 참조하면서 각 도시의 특징을 자세히 알아보았다.

다음은 「풍속」이다. 여기서도 이덕무는 일본의 의식주(衣食住)에 대한 기록을 대부분 『화국지』에서 가져왔다. 일본인들이 어떠한 옷을 입고, 무엇을 먹고, 어떻게 일상생활을 보내며, 범죄를 저지르면 어떠한 벌을 받는지가 자세히 기록되어 있는데, 이러한 기술은 직접 일본에 가보고 그들의 생활양식을 목도한 사람이 아니면 쓸 수 없는 사항들이다. 이덕무는 일본인의 일상생활을 직접 견문한 원중거의 기록에 의거하여 이러한 내용을 정리할 수 있었던 것이다.

「기복」에서는 평소 일본인들이 사용하는 일용품이나 무기, 관복, 예복, 갓 등을 소개하였고, 「물산」에서는 생산물, 식물, 문방구 등을 다루었다. 「물산」의 내용은 대부분 『화한삼재도회』에서 가져왔다. 그는 원중거가 언급하지 않았던 식물이나 음식에 대해서도 『화한삼재도회』를 통해 자세히 알아보았다. 이덕무는 일본의 물산보다 오히려 데라지마 료안이 언급한 곡물, 식물, 해초, 산나물 등의 사물에 큰 관심을 가졌다.

다음은 「병전」으로 군사에 관한 내용인데, 단 당시 시대 상황상 일본의 군사제도에 대해서는 상세한 정보를 얻을 수 없었던 것으로 보인다. 원중거도 『화국지』에서 「병제(兵制)」라는 제목으로 일본의 군사제도에 대해 기술하였으나, 그는 "병제는 나라의 법으로 가장 엄격히 금지되어 있기 때문에 들은 것이 전혀 없었다"[18]라고 하며 일본에서 군사제도에 대한 정보를 누설한 경우 극형을 당하기 때문에 전혀 알아볼 수가 없다고 토로하였다. 이덕무도 과거 일본이 어떠한 대외행동을 일으켰는지, 13세기에 몽고(蒙古)의 군대가 일본에 쳐들어왔을 때 어떻게 대응했는지를 기록하였을 뿐, 도쿠가와 막부의 군사제도에 대해서는 상세하게 밝히지 못했다.

「이국」은 거의 『화한삼재도회』 권13의 「이국인물(異國人物)」과 권14의 「외이인물(外夷人物)」, 그리고 조선, 유구, 안남 등 일본과 관련이 깊은 나라의 사정을 상술한 권64에서 인용한 내용으로 구성되어 있다. 각 나라의 위치, 생산물, 사람들의 용모와 의복 등이 묘사되어 있다. 『화국지』에서 언급되지 않은 나라들을 소개하였던 것에서 알 수 있듯이 이덕무는 해외에 어떠한 문화와 풍습을 가진 나라가 존재하는지를 상세히 알아보았다. 『화한삼재도회』는 이러한 해외사정에 대한 이덕무의 관심 영역을 확대해준 책이기도 하였던 것이다.

이상 보았듯이 『청령국지』는 『화국지』와 『화한삼재도회』를 비롯한 기존의 일본 관련 자료의 인용과 전재로 이루어져 있다. 아쉬운 점은 이덕무가 데라지마 료안이나 원중거처럼 안설을 부기하지 않았다는 점이다.[19] 이덕무 자신의 의견이나 생각을 적은 대목이 잘 보이지 않고, 또

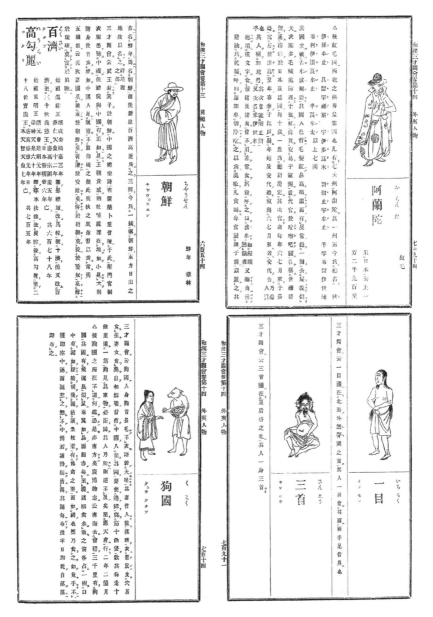

『화한삼재도회』

『화한삼재도회』에는 개의 얼굴을 가진 사람이나 눈이 하나밖에 없는 사람 등이 사는 전설상의 나라도 게재되어 있다. 이덕무는 이러한 비현실적인 나라에 대해서는 일체 언급하지 않았다.

일본의 관직제도, 지명, 인명 등을 나열하거나 객관적 사실만을 기술한 부분도 많기에 『청령국지』 전체를 번역하는 것은 큰 의미가 없을 듯하다. 본서에서는 『청령국지』 중에서 흥미로운 대목만 뽑아서 번역과 해설을 부기하였다. 또 해당 대목 자체에 대한 내용뿐만 아니라 『청령국지』를 성립시킨 역사적 문맥에 초점을 맞추었다. 여타 사행록과 일본 관련 문헌 등에서 이덕무가 어떤 정보를 취사선택하여 항목에 대해 서술하였는지를 살피면 『청령국지』라는 텍스트의 이면을 보는 데에도 도움이 될 수 있을 것이다.

『청령국지』를 읽어보면 당시 조선 문인들이 생각보다 일본에 대해 풍부한 지식을 가지고 있었음을 알 수 있다. 그중에는 정확한 것도 있고 정확하지 않은 것도 있으나 중요한 점은 내용 자체의 객관적 정확성만이 아니라 조선이라는 필터를 통해 바라본 일본의 상(像)이 지닌 독특성이 드러나 있다는 것이다. 그것은 보이는 대상만이 아니라 보는 이의 내적 조건에 의해서도 지식과 정보가 어떻게 달리 구성되며 어떻게 특정한 방향의 해석을 낳게 되는지의 문제와 연관되어 있다. 본서를 통해 당시 '조선' 문인들이 '일본'이라는 타자를 어떻게 이해하고 있었는지를 보여주고자 한다.

1.
왜황(倭皇)은 평소 무엇을 하는가

진무[神武]가 나라를 세운 이후로 하나의 성(姓)이 전해져 지금에 이른다. 아버지가 아들에게 왜황(倭皇)의 지위를 전하는데, 아들이 많으면 신(神)이 선택한 자를 왜황으로 세우니, 곧 점을 쳐서 결정하는 것이다. 아들이 없으면 가까운 종실의 자제 중에서 신이 선택한 자를 세우고, 아들이 어리면 누이나 고모 중에서 아직 계례(笄禮)를 치르지 않은 자를 왜황으로 세웠다가 아들이 장성하고 나면 지위를 돌려주고서 비구니가 된다. 다른 아들들은 모두 머리를 깎고 승려가 되며 법친왕(法親王)이라고 불린다. 딸들은 모두 비구니가 된다.

왜황은 매달 초하룻날부터 보름까지 신에게 제례를 올리고 염불(念佛)을 하며 소식(素食)을 하고, 여자 시종을 가까이 하지 않으며 홀로 앉아 재계(齋戒)하며 지낸다. 보름부터 그믐까지는 거처와 음식을 일반인과 다를 바 없이 한다. 왜황이 저잣거리에 노닐러 가면 백성들이 길을 양보한다. 궁실과 의복과 음식과 기용(器用)은 소박하고 검소하다. 궁중에서는 항상 고요하며 떠들지 않는다. 신불(神佛)로서 자처하는데, 나라 사람 모두가 그를 신으로 대우한다.

> 自神武開國以後, 一姓相傳, 以至于今. 父傳子[1]子, 多子, 則立神所主者, 蓋決於巫卜也. 無子, 則擇近宗子弟立神所主者. 子幼, 則姊姑中立未笄者, 至其子季長, 則歸其位, 爲比丘尼, 而其子皆剃頭髮爲僧, 號法親王. 諸女皆爲比丘尼.
> 倭皇每月自初一日至十五日, 禮神念佛, 素食, 不近女侍, 獨坐齊居. 自十五日至晦日, 居處飮食無異平人. 遊衍街市, 民庶讓路. 宮室衣服, 飮食器用, 樸素儉約. 宮中常寂然無譁. 自處以神佛, 國人俱以神主待之.

❀

'왜황(倭皇)'은 일본의 '천황(天皇)'을 가리킨다. 『화국지』에는 '천황'이라는 말이 많이 나온다. 그런데 이덕무는 『화국지』에서 인용할 때 '천황'이라는 말을 되도록 피하고 대신 '왜황'으로 바꾸어 썼다. 이는 하늘 천(天)자에 황제를 가리키는 '황'자를 붙여서 쓴 '천황'이라는 단어를 사용하는 것에 대해 거부감이 있었기 때문으로 생각된다. '진무[神武]'란 일본의 제1대 천황으로 생각되는 전설상의 인물이다. "하나의 성(姓)이 전해져 지금에 이른다"라는 말은 진무천황[神武天皇] 이래 계통이 끊이지 않고 이어져왔다는 뜻이다. '법친왕(法親王)'이란 황족으로 태어났다가 출가한 남자를 가리킨다.

이 글은 모두 원중거가 쓴『화국지』권1의「왜황본말(倭皇本末)」에서 가져온 것이다. 원중거는「왜황본말」에서 천황의 기원, 내력, 생활 및 쇼군[將軍]과의 관계를 자세하게 알아보았다.

"신불(神佛)로서 자처하는데, 나라 사람 모두가 그를 신으로 대우한다"라는 말에서 알 수 있듯이 원중거는 천황이 정치적 권력을 가지고 있지 않다는 사실과 일본인들은 천황을 신으로 보고 있음을 감지하고 있었다. 원중거의『화국지』에는 다음과 같은 기록이 보인다.

> 왜황의 궁실과 의복, 음식과 기물은 보통 사람에 비하여도 모두 극히 소박하고 검소하다. 궁중에서는 항상 고요하며 떠들지 않는다. 대개 왜황은 신불(神佛)로 거처하며 나라 사람들도 모두 신주(神主)로 대우하기 때문이다. 또한 인황(人皇) 이후로부터 수천 년을 대대로 지위를 전해 왔기에 나라 사람들이 이를 편안히 여겨 틈을 엿보아 지위를 빼앗으려는 생각이 전혀 없다. 권력을 잃고 난 후 왜황이 보존하고 있는 바는 단지 신도(神道)일 뿐이다.[2]

통신사로 일본에 다녀온 원중거는 교토를 지나면서 천황의 생활양식에 대한 정보를 얻은 것이다. 다만 "왜황이 저잣거리에 노닐러 가면 백성들이 길을 양보한다"라는 말은 오해로 생각된다. 에도 시대 때 천황

은 길거리에 나서지 않았다. 또 '염불(念佛)'과 '소식(素食)'을 하며 지낸
다는 기술도 전문(傳聞)에 의거한 것으로 보인다.

2.

대륙 출신의 조상을 가진 일본 문인들

 그들의 씨(氏)는 대개 지명(地名)에서 빌려온 것인데, 혹 성부(城府)에서 따왔고, 혹 촌리(村里)에서 따왔으며, 혹 봉읍(封邑)에서 따왔고, 혹 관직(官職)에서 따왔다. 대개 씨(氏)는 중요하게 여기고 성(姓)은 가볍게 여겨 공적인 문서와 사적인 문서 모두에서 씨만 쓰고 성은 쓰지 않는다. 중국에서 들어온 자들 중 진(秦)나라의 후예를 자칭한 자들은 진씨(秦氏)라고 하였고, 한(漢)나라의 후예를 자칭한 자들은 유씨(劉氏)라고 하였으며, 삼한(三韓)에서 들어온 사람들 중 신라 사람은 한씨(韓氏)라고 하였고, 백제 사람은 여씨(餘氏)라고 하였다.

 其氏皆冒地名, 或以城府, 或以村里, 或以封邑, 或以官職, 大抵重氏而輕姓, 公私文字, 書氏而不書姓. 自中國人者, 稱秦裔者, 曰秦氏; 稱漢裔者, 曰劉氏, 自三韓入者, 新羅人, 曰韓氏; 百濟人, 曰餘氏.

❋

이 글은 『화국지』 권2 「성씨지이(姓氏之異)」에서 가져왔다. 원중거는 일본에서 성(姓)과 씨(氏)를 구별함을 밝혔는데, 『화국지』에는 이덕무가 인용한 이 단락 뒤에 "이들은 모두 유사(儒士)로서 우리와 더불어 창수(唱酬)한 자들이다"[1]라는 구절이 이어진다. 원중거를 비롯한 계미통신사가 일본에 갔을 때 자기 조상이 대륙 출신이라고 주장하는 문사들이 몇 명 찾아왔던 것이다.

원중거는 진(秦)나라의 후예라고 자칭하는 일본 문인과 다음과 같이 대화를 나누었다.

> 진겸호(秦兼虎)는 스스로 진나라의 후예라고 말한다. 내가 말하기를, "그대는 서불(徐市)과 같이 배를 타고 온 사람의 후예가 아닌가?"라고 하니, "집에서 전해오는 것이 이와 같으며, 성(姓)을 얻은 것도 이와 같다. 그러나 글로 쓰여지기 전이라 상고할 곳이 없다"라고 하였다.[2]

'서불(徐市)'이란 '서복(徐福)'을 가리킨다. 불로불사의 약을 구하라는 진시황의 명령을 받은 서복이 중국을 떠나 일본에 도착하였다는 전설이 예부터 일본에 전해진다. 진겸호(秦兼虎)는 본명이 하타 겐코[波多兼

虎]인데, 진나라 사람인 서복의 후예를 자처했기에 '진'이라는 성을 붙인 것이다. 그런데 그가 서복의 후예라는 주장을 의심하는 사절도 있었다. 제술관으로 사행에 참여한 남옥(南玉)은 "진겸호가 스스로 진시황의 후손이라고 하니 가소롭다. 시황의 후손이 하필이면 '진(秦)'을 성으로 삼았겠는가"[3]라고 하며 회의적인 태도를 보였다.

성대중(成大中)은 대륙 출신을 자처하는 문인이 많이 찾아왔다는 기록을 남겼다.

> 에도[江戸]에 유유한(劉維翰)이라는 이가 와서 만나보았는데 스스로 한(漢)나라의 후예라고 하였다. 여장왕(餘璋王)이 왜국으로 들어온 다음에 돌아가지 않아서 후손이 매우 많으니, 서경(西京: 교토를 말함)의 여슬(餘瑟)과 동무(東武: 에도를 말함)의 한천수(韓天壽), 비젠(備前: 지금의 오카야마[岡山] 현) 주의 장잠(井潛)이 모두 그 후손이다. 이즈미[和泉: 오사카] 태수의 서기 도국흥(陶國興)은 나이가 일흔 살쯤 되었는데, 입고 있는 치사복(致仕服)이 야복(野服)의 제도와 흡사하였다. 내가 그 옷이 어디에서 연유하였냐고 묻자 대답하기를, "주자(朱子)의 후손이 일본에 전한 것입니다"라고 하였다. 이것으로 보건대 옛날에 난을 피하여 바다로 돌아간 사람이 참으로 많았던 것이다.[4]

이를 보면 당시 성대중을 찾아온 일련의 일본 문인들은 자기 조상이 대륙 출신이라는 것에 자부심을 가지고 있었음을 알 수 있다. 앞에 언급된 사람 중 '유유한'이라는 이는 곧 미야세 류몬[宮瀬龍門]이다.[5] 그는

조선 사절들의 숙소에 자주 찾아갔다. 김인겸(金仁謙)의 『일동장유가』에
도 그를 묘사한 구절이 보인다.

　　열 아믄 시객(詩客)들이

　　들어와 창화(唱和)하되,

　　그중에 유유한이

　　한헌제(漢獻帝)의 자손일세.

　　제 세계(世系) 물어 보니,

　　"조비(曹丕)가 찬위(簒位)한 후

　　제 할아비 황조로서

　　피란하여 여기 와서

　　태수가 되었더니,

　　그 후에 잔미(殘微)하여

　　선비 노릇 하나이다."

　　불쌍하고 신기하다.[6]

　이처럼 김인겸은 한나라의 후예임을 자칭한 미야세 류몬에 대해 관
심을 드러냈다. 그런데 남옥은 앞서와 마찬가지로 "유유한은 호(號)가
류몬(龍門)이다. 스스로 말하기를 한나라 헌제(獻帝)의 후예로서 오랑캐
가운데에 유락(流落)해 있는 것이라고 하는데 어찌 그것을 믿을 수 있겠
는가"[7]라고 하며 의심하는 태도를 보였다.
　성대중이 언급한 '한천수(韓天壽)'는 곧 나카가와 덴주[中川天壽]라고

하는 전각가(篆刻家)이다.[8] 한천수는 사행원들에게 깊은 인상을 남겼다. 에도 시나가와[品川]를 떠날 때 김인겸은 다음과 같이 읊었다.

> 한대영(韓大永: 한천수를 말함)과 평영(平英)이가
>
> 백삼십 리(百三十里) 따라와서
>
> 차마 못 이별하여
>
> 우리 옷 붙들고서
>
> 읍체여우(泣涕如雨) 하다가
>
> 밤 든 후 돌아가서
>
> 오히려 아니 가고,
>
> 길가에 서 있다가
>
> 우리 가마 곁에 와서
>
> 손으로 눈물 씻고,
>
> 목메어 우는 거동(擧動)
>
> 참혹하고 기특하니,
>
> 마음이 좋지 아니해.
>
> 그 누가 왜놈들이
>
> 간사하고 퍅하다던가?
>
> 이 거동 보아하니,
>
> 마음이 연(軟)하도다.[9]

'읍체여우(泣涕如雨)'는 비 오듯 눈물을 흘린다는 말이고, '퍅하다'는 강퍅하다는 말이다. 조선 사절들의 옷을 붙들며 줄줄 눈물을 흘리고, 사절들이 가마에 타서 떠날 때도 길가에서 기다리다가 '목메어 우는' 한 천수의 모습에 김인겸은 마음이 흔들렸던 것이다.[10]

　일본에 대륙 출신의 조상을 가진 자들이 있다는 이덕무의 기술은 이렇게 계미통신사가 일본에서 겪은 문인들과 교류한 경험을 토대로 삼은 것이다. 다만 이덕무의 『청령국지』에는 사절과 일본 문인이 서로 만나서 나눈 대화나 그들이 느낀 감정 등은 기록되어 있지 않으며, 일본 문인 중에 대륙 출신의 조상을 가진 이들이 있다는 객관적인 정보만 기록되어 있다. 이것이 『청령국지』의 한 특징이라 할 수 있다.

3.

일본인의 성격을 살핀다

일본 사람은 대개 유순하면서도 굳셀 줄도 아나, 굳센 것이 또한 오래가지는 못하며, 약하면서도 인내할 줄도 아나, 인내하는 것이 또한 떨쳐 일어나는 데까지는 이르지 못한다. 총명하나 앎이 편벽되고, 민첩하나 기운이 국한되어 있다. 겸손할 줄 아나 남에게 양보할 줄 모르고, 은혜를 베풀 줄 아나 남을 포용할 줄 모른다. 새것을 좋아하고 기이한 것을 숭상하며, 친하고 가까운 이를 좋아하고 소원한 이를 버려둔다. 고요한 곳에 처하기를 좋아하고 여럿이서 살기를 싫어하며, 본업을 편안히 여기고 분수를 지키는 것을 기뻐한다. 교묘한 물건과 진귀한 완구에 몰두하나 근면하여 전일(專一)하기도 하다. 이 때문에 진무[神武]가 그들을 쓰면 태평한 정치를 이루고, 히데요시[秀吉]가 그들을 쓰면 천하의 막강한 왜적이 되며, 이에야스[家康]가 그들을 다스리면 또한 각자

정해진 분수를 지켜 소리 없이 고요해지는 것이다.

　그들의 몸집은 특별히 키가 크지도 작지도 않으며 살찐 이도 초췌한 이도 적다. 악성 종기가 나거나 부종이 난 이가 없는데, 밤낮으로 깨끗하게 씻어 낯빛이 온화하고 정신이 맑아, 혼곤하게 잠이 많은 이가 매우 적은 것이다. 백성들이 날로 번성하여 물고기 떼와 같이 사람이 많으니, 여자는 열서너 살이 되면 모두 아이를 낳는다. 쓰시마 사람은 미개하여 문식이 없는데 강건하고 몸집이 커서 일본 본국의 사람들과 크게 다르다.

　　日本之人，大抵柔而能堅，堅而亦不能悠久；弱而能忍，忍而亦不能振起．聰明而識偏；敏銳而氣局．能謙而不能讓人；能惠而不能容物．好新而尙奇，悅近而遺遠．樂靜處而厭羣居，安本業而喜守分．營營於奇巧珍玩，然勤勞而專一．是故神武用之而致垂衣之治；秀吉用之而爲天下莫强之冠．及至家康駕御之，則又各守定分，寂然無聲．
　　其身材無特長特短，而少肥胖，及黧黑者．無惡瘡，無浮腫．日夜澡潔，顔雍神淸，絶少昏睡之人．生齒日緐，人衆如魚．女子季十三四，咸能抱子．對馬島人，羯夷無文，壯健長大，絶異內國．

❋

　'인물'이라는 소제목을 붙인 이 글 또한 『화국지』 권1 「인물(人物)」에서 가져온 것이다. 일본에 다녀온 조선 사절들이 남긴 사행록에는 일기와 별도로 '문견록'이 수록되어 있다. 이 '문견록'에는 일본인의 인상, 행동거지 등에 대해 기술한 항목이 있는 것이 통례였다. 그런데 사절들이 묘사한 일본인 상(像)은 시대에 따라 점차 변화하였다. 원중거보다 약 100년 전인 1655년에 통신사행에 참여한 남용익(南龍翼)이 남긴 「문견별록(聞見別錄)」에는 다음과 같은 기술이 보인다.

> 대저 사람들의 성품은 경박하고 교활하여 남의 의중을 잘 헤아리고, 기쁨과 분노를 절제하지 못하여 마음속에 품고 간직하지 못하니, 기쁘면 담소하고 유유낙낙하며 충실하게 따르지만 노하면 소리치고 날뛰며 생사(生死)를 가리지 않는다. 작은 은혜도 반드시 갚고 사소한 원한도 반드시 갚는다. 몸가짐이 매우 경박하여, 지위가 높은 사람이라도 일상생활의 행동거지에 조금도 절도가 없고 때로 어떤 마음이 일면 절제할 줄 몰라 마치 날뛰는 어린아이처럼 구니 그들의 천성이 그러한 것이다.[1]

남용익이 그려낸 일본인 상은 한마디로 말하면 자신의 감정을 전혀 절제할 줄 모르는 비이성적인 존재다. 이에 비해 원중거는 그들에게 모순된 측면이 있음을 지적하면서도 상당히 긍정적으로 일본인을 묘사하였다. 특히 원중거는 일본인의 순종적인 측면을 높이 평가하였다. 이덕무는 "본업을 편안히 여기고 분수를 지키는 것을 기뻐한다"라는 원중거의 말을 인용하였는데, 『화국지』를 보면 이 말 뒤에 다음과 같은 구절이 이어진다.

일정한 규율을 지켜, 감히 한 치도 나아가거나 물러나지 않는다. 자기의 힘으로 먹고 살며, 지푸라기 하나라도 남에게 주거나 받으려 하지 않는다. 대개 이것은 부인과 여자들의 태도로서, 침착하고 굳세어 분발하는 풍모가 없다.[2]

이 구절은 『청령국지』에는 누락되어 있다. 『화국지』에는 "본업을 편안히 여기고 분수를 지키는 것을 기뻐"하는 일본인의 구체적인 모습이 묘사되어 있는 것이다.

이덕무는 일본인에 대해 '근면하여 전일(專一)하다'라고 쓰기도 하였다. 『화국지』에는 이 말 뒤에 다음과 같은 기록이 이어진다.

온종일 똑바로 앉아 있으며, 게으름 피거나 하품하는 기색이 없다. 변고가 있으면 혹 밤이 새도록 잠을 자지 않으며 항상 정신이 뚜렷하다. 일이 생기면 힘을 하나로 합쳐 하는데 각자 자기 몫을 다하며 남에게 미루거나 질투하는 습관이 전혀 없다.[3]

앞서 인용하였듯이 남용익은 일본인을 '경박하고 교활하여 남의 의중을 잘 헤아리고, 기쁨과 분노를 절제하지 못하는' 존재로 묘사하였다. 100년 사이에 일본인을 그려내는 방식이 상당히 달라졌음을 알 수 있다. 원중거에 이르러 종래의 일본인 인식이 크게 전환되었는데, 이덕무의 『청령국지』에는 이러한 전환이 반영되어 있는 것이다.

4.

쇠퇴하는 천황의 권력

　간파쿠[關白: 관백]라는 명칭은 요제이[陽成] 왜황 때에 처음 생겼다. 요제이에게는 사다즈미[貞純]라는 아들이 있었는데 어질고 무략(武略)이 많아 왜황이 온 나라의 정사에 대해 의견을 물었으니, 때는 당나라 희종(僖宗) 건부(乾符) 3년(876)이었다. 사다즈미는 자기 자리를 아들 모토쓰네[基經]에게 물려주었는데, 그는 국정을 마음대로 다스렸으며 스스로 간파쿠라 칭하였고 죽어서 소선(昭宣)이라는 시호를 받았다. 그 자손인 요리토모[賴朝]는 안토쿠[安德] 왜황을 축출하였고, 정사를 어지럽힌 대신 다이라노 기요모리[平淸盛]를 죽이고서 무사시[武藏] 주(州)의 가마쿠라[鎌倉]에 물러나 거하였으니, 그 위세가 일국에 진동하였다. 그 뒤에 다카우지[尊氏] 쇼군[將軍]이라는 자가 있었는데 역시 에도[江戶]에 근거하여 정벌과 토역을 마음대로 하였다.

요리토모 이후로는 주(州)마다 군대를 동원해 서로 공격하였으나 왜황은 세력이 미약하여 그들을 제어하지 못했다. 그리하여 주(州)들은 대대로 국내에서 병력이 강력한 자를 추대하여 간파쿠로 삼고서 패주(伯主)로 섬기니 모두 용력을 숭상하여 열국(列國)으로 자처한 지 500여 년이었다. 그때 히데요시가 일어나 마침내 진시황의 사업을 행하였으나, 군사를 믿고 교만 방자하다가 멸망에 이르렀다. 이에야스가 사나움을 관대함으로 바꾸고서 공손하고 겸손한 방식으로 다스리자 마침내 유순한 풍속이 이루어졌다.

關白之名, 始於陽成時. 陽成有子曰貞純, 賢而多武略. 倭皇擧國政以聽, 時唐僖宗 乾符三季也. 傳其子基經, 專擅權柄, 自稱關白, 死諡昭宣. 至其孫賴朝, 逐安德 倭皇, 殺亂政大臣平淸盛, 退居武藏州之鎌倉, 威振一國. 其後有尊氏將軍者, 亦據江戶, 專征討.
自賴朝以後, 各州治兵相攻, 而倭皇微弱, 不能制. 故各州世世推兵力完於國內者, 爲關白, 事之以伯主. 皆以勇力相尙, 自處以列國, 迄五百餘季. 而秀吉起於其時, 遂行秦始之事, 恃兵驕橫, 至於滅亡. 而家康代暴以寬, 恭儉出治, 遂成柔順之俗.

✿

이 글은 『화국지』 권1 「관백지시(關白之始)」에서 가져온 것이다. 원중거는 일본에서 천황의 권력이 어떻게 약해지고 '간파쿠', 즉 섭정을 맡은 정치가들의 권력이 어떻게 강화되었는지를 상술한 것이다.

'요리토모[賴朝]가 안토쿠[安德] 왜황을 축출하고서 정사를 어지럽힌 대신 다이라노 기요모리[平淸盛]를 죽였다'라는 기술은, 미나모토노 요리토모[源賴朝]를 필두로 한 미나모토 씨[源氏] 일족과 다이라노 기요모리[平淸盛]를 필두로 한 다이라 씨[平氏] 일족 사이에서 일어난 내전인 겐페이[源平] 전쟁에 관련된 것이다.

다이라노 기요모리는 당시 가장 큰 세력을 가진 무가(武家)의 동량(棟梁)이었다. 수많은 무사들을 거느린 그는 태어난 지 얼마 안 된 안토쿠 천황[安德天皇]을 옹립하여 실권을 장악하였다. 미나모토노 요리토모는 관동 지방을 지배하던 이름이 높은 무사로 다이라노 기요모리에 대항하는 세력을 구축하고 있었다. 이 두 세력의 전쟁은 미나모토노 요리토모의 승리로 끝났고, 요리토모의 동생 요시쓰네[義經]는 다이라 씨의 세력을 아카마가세키[赤間關] 단노우라[壇ノ浦: 지금의 시모노세키]까지 추격하였다. 전쟁에 패배한 다이라 씨 일족과 안토쿠 천황은 궁지에 몰려 바다에 몸을 던져 죽었는데, 당시 안토쿠 천황의 나이는 여섯 살이었다. 안토쿠 천황은 다이라노 기요모리에게 권력의 도구로 이용당하여 어려서 죽은 비극의 천황으로 일본에서 널리 알려져 있다.

시모노세키의 아미타사(阿彌陀寺) 옆에 안토쿠 천황의 사당이 있었다. 이 아미타사는 조선 사절들의 숙소였다. 사절들은 시모노세키에 도착하면 항상 안토쿠 천황을 모신 사당에 갔다. 이 때문에 사절들이 시모노세키에서 남긴 일기에는 안토쿠 천황의 이름이 빈번하게 등장한다. 때로는 안토쿠 천황을 읊은 한시도 남겼다.

1624년에 다녀온 강홍중(姜弘重)은 다음과 같이 썼다.

아미타사에 관사를 정하였는데, 응접하는 범절과 잔치의 성대함은 아이노시마[藍島] 못지않았다. 절 옆에 사당이 있어 '안덕천황신당(安德天皇神堂)'이라 하였다. 왜인에게 물으니, 옛날에 안토쿠 천황이라는 자가 미나모토노 요리토모의 침공을 당해 싸움에 패하여 이곳에 이르렀는데, 형세가 궁하고 힘이 다하여 그 조모의 등에 업혀 바다로 들어갔고, 종신(從臣) 일곱 명과 궁녀 몇 사람이 함께 바다에 몸을 던져 죽으매, 나라 사람들이 그를 가엾게 여겨 어린 아이 모습의 소상(塑像)을 만들고 사당을 세워 제사를 올리고 사찰의 중들에게 지키게 한 것이 지금에 이른다고 한다.[1]

당시 일본인들은 안토쿠 천황의 일화를 숨김없이 명료하게 조선 사절에게 전한 것이다. 무사 사이의 권력 다툼에 휩싸여 등에 업힌 채 시모노세키의 바다에 빠져 죽은 안토쿠 천황에 대한 공양은 도쿠가와 시대 초기부터 시모노세키의 사찰에서 행해지고 있었다. 강홍중보다 17년 전인 1607년에 일본을 방문한 경섬(慶暹)은 아미타사에 도착하여 "이날이 마침 천황이 빠져 죽은 날이었는데, 중들이 음식을 차려놓고 경(經)을 외며 밤새도록 공양하였다"[2]라고 썼다. 이처럼 당초 조선 사절들은 안토쿠 천황의 사당을 자유롭게 드나들 수 있었다.

그런데 안토쿠 천황의 사당 방문은 1719년에 폐지되었다. 1748년의 종사관(從事官)인 조명채(曹命采)는 "전번 기해년(1719) 사행 때는 왜인이 자기 나라의 아름답지 못한 일을 다른 나라에 드러낼 수 없다고 하여 구경하지 못하게 하였다고 한다. 이 때문에 이번 사행에서는 애초에 거기 가자는 말을 꺼내지 않았다"[3]라고 기록하였다. 이를 통해서 당시 일본인에게 안토쿠 천황의 일화가 '아름답지 못한 일'로 간주되고 있었음을 알 수 있다.

계미통신사 사절단은 1763년 12월 27일에 시모노세키에 도착하였다. 원중거의 『승사록』 12월 28일자 일기에는 다키 가쿠다이[瀧鶴臺]라는 일본 문인이 안토쿠 천황을 위해 시를 지어달라고 부탁하는 대목이 보인다.

> 다키 야하치[瀧彌八: 다키 가쿠다이를 말함]가 안토쿠 천황의 사당에 관한 시를 써달라고 청하였다. 이에 직접 사당을 보지 않고는 시를 지을 수 없다고 대답하였더니, 마땅히 우두머리 승려에게 의논하여 보겠다고 답하였다.[4]

이렇게 하고서 원중거는 일단 안토쿠 천황의 시를 짓는 것을 보류하였다. 그 다음 날의 일기는 다음과 같다.

> 동편 담장에는 소나무 일곱 그루가 우뚝 솟아 있고 담장 동쪽으로는 널빤지로 지붕을 덮은 작은 집이 있는데 문을 자물쇠로 잠가 놓아 적막하였다. 물어보았더니 왜인들이 모두 대답을 회피하였다. 최후로 동왜(童倭: 어린 왜인)에게 물어보았더니 손바닥에 써주기를 '안덕천황묘(安

德天皇廟'라고 하였다. 들어가서 구경하고 싶다고 한번 말해보았더니
고개를 젓고 손사래를 쳤다. 대개 저들 무리가 말하기를 꺼린 것이다.
다키 야하치가 어제 우두머리 승려에게 한번 물어보겠다고 하였는
데, 그가 오늘 와서 이렇게 말하였다. "승려들이 의논하여 말하기를,
비록 이 나라의 사람이라도 며칠 동안 재계하지 않으면 문에 들어서
면 반드시 재앙이 이른다고 하니, 전날의 약속을 저버릴 수밖에 없
어 심히 부끄럽습니다." 추월(秋月: 남옥을 말함)이 답하기를, "예전에
온 사람들은 볼 수 있었는데 오늘 온 사람들은 볼 수 없게 된 것은
귀국의 법이 예전에는 느슨하였는데 이제는 엄격해진 까닭인가 봅니
다"라고 하자, 그가 "밝은 촛불과도 같은 말씀에 따를 뿐입니다"라
고 답하였다.[5]

안토쿠 천황의 묘지 방문을 둘러싸고 조선측과 일본측 사이에서 신
경전이 벌어진 것이다. 이전에는 사절들이 반드시 방문하던 사당을
1763년에는 바깥에서 보이지 않도록 가려 두었다. 원중거가 그 건물이
무엇인지 물어도 아무도 대답하지 않자 어린 아이에게 물었더니 손바
닥에 한자로 '安德天皇廟'라고 써서 가르쳐 준다. 직접 들어가고 싶다는
원중거의 요청에 일본인들은 거절의 뜻을 강하게 드러냈다. 안토쿠 천
황의 사당은 이제 금단의 장소가 되어버린 것이다. 원중거 곁에 있었던
남옥도 이때의 일을 일기에 남기며 "요리토모의 일과 안토쿠의 재앙은
그 나라에서 꺼리는 일이다"[6]라고 썼다. 안토쿠 천황의 일을 금기시하
는 일본인의 모습은 사절들에게 천황과 쇼군의 사이에 존재하던 미묘

한 관계를 감지하는 중요한 계기가 되었다. 원중거는 안토쿠 천황 이후의 일본에 대해 『화국지』에서 다음과 같이 썼다.

> 안토쿠 왜황 이래로 각 주마다 군대를 양성하여 으뜸이 되고자 싸우니, 세력이 큰 자는 이어진 여러 성(城)에서 방자하게 행동하였고, 세력이 작은 자는 태수(太守)에게 의존하여 사명(死命)을 따랐는데, 이것이 600년이 이어졌으니 이름하여 센고쿠[戰國: 전국] 시대라 한다.[7]

안토쿠 천황 이후 일본은 호전적인 무사들이 서로 자신의 영토를 확대하기 위해 목숨 걸고 싸우는 '전국'이 되었다고 원중거는 말한 것이다. 안토쿠 천황이 죽은 것은 1185년으로 그때부터 '600년'을 모두 '전국'이라 부른다는 것은 과장된 표현이긴 하지만, 다이라노 기요모리의 세력과 미나모토노 요리토모의 세력이 군사적 충돌을 반복하면서 일본의 역사가 전란의 시대를 맞게 된 것은 원중거가 지적한 대로이다.

미나모토노 요리토모가 가마쿠라 막부[鎌倉幕府]를 세운 뒤, 아시카가 다카우지[足利尊氏]가 이를 무너뜨리고 다시 무로마치 막부[室町幕府]를 세웠다. 이덕무의 글에 언급된 '다카우지 쇼군[尊氏將軍]'이란 바로 아시카가 다카우지를 가리킨다. 수백 년간 전란의 시대가 이어진 후 도요토미 히데요시가 일본을 통일하고 도쿠가와 이에야스가 정권을 장악하였다. 이덕무의 글에는 천황이 권력을 잃은 이후 도쿠가와 시대에 이르기까지의 역사가 간결하게 정리되어 있는 것이다.

5.

도요토미 히데요시[豊臣秀吉]의 시대

히데요시는 본성(本姓)이 도요토미로 오와리 주[尾張州: 지금의 아이치 [愛知] 현]의 나카무라고[中村鄕] 사람이다. 왜소했으나 힘이 장사였고 모습이 원숭이를 닮아 나라 사람들이 원숭이 왕[猿王]이라 불렀다. 그 아비가 본디 천했는데 히데요시가 다이라노 노부나가[平信長]를 섬기자 노부나가가 그를 거두어들여 의붓아들로 삼았고, 온갖 정무에 대해 그의 의견을 들었으며 나중에 지쿠젠노카미[筑前守]로 삼았다. 본래 그의 성은 기노시타[木下]였고 이름은 도키치[藤吉]였는데 이때 이르러 성을 하시바[羽柴]로 바꾸었다. 노부나가가 말년에 마음대로 형살(刑殺)을 행하자 사람들이 목숨을 부지하지 못했다. 데루모토[輝元]가 당시 산요[山陽]와 산인[山陰]에 거점을 두고 있었는데 노부나가가 히데요시를 시켜 그를 공격하게 하였다. 그런데 마침 휴가노카미[日向守] 아케치[明智]가

노부나가를 시해하자, 히데요시는 곧 데루모토와 화의를 맺고 회군한 뒤 아케치를 토벌하여 멸망시켰고 마침내 간파쿠가 되었다.

안토쿠 왜황 이래로 각 주마다 군대를 양성하여 으뜸이 되고자 싸워 온 것이 600년이니 이름하여 센고쿠[戰國] 시대라 한다. 히데요시는 남만(南蠻)의 조총 기술을 얻은 뒤 병사들을 선발하여 재주를 시험해보고 서는, 모리 데루모토[毛利輝元], 가토 기요마사[加藤淸正], 고니시 유키나가[小西行長] 등으로 하여금 이들을 거느리게 하였다. 그들에게 약속하기를, 승리하면 얻은 재물과 성은 장수들과 병사들에게 하사하고, 전사자의 집안에 봉록을 내려주며 또 그 아들을 선발하여 병사로 삼겠노라고 하였다. 멸망시킨 나라가 270개였는데, 스루가 주[駿河州: 지금의 시즈오카[靜岡] 현]의 미나모토노 이에야스[源家康]와 오다와라[小田原]의 호죠 도키무네[北條時宗]만은 험한 지세에 의지하여 수비하였기에 누차 공격해도 이길 수 없었다. 그래서 마침내 기미책(羈縻策)을 써서 화친하였다.

히데요시는 뜻을 이루자 명나라를 침공해 이국(異國)의 황제가 되고자 하여 장차 조선을 향도(嚮導)로 삼으려 했다. 그래서 조선에 사신을 보냈으나 조선에서 엄한 말로 그를 배척하였다. 히데요시는 크게 노하여 우선 조선을 침략하려 하였는데 이에야스와 도키무네가 후방에 있는 것이 염려가 되었으므로 사람을 보내 뜻을 알리고 지원병을 요구하였다. 이에야스는 이를 승낙하였고 도키무네는 거절하였는데, 히데요시는 군대를 보내어 도키무네를 공격해 1년 만에 성을 수몰시켜 그를 도륙하였다. 마침내 히데요시는 서해 아홉 개 주에 나가토[長門], 스오

[周防], 아키[安藝], 비젠[備前] 네 개 주를 더한 열네 개 주의 병력을 모두 징발하여 아홉 번에 나누어 조선으로 향하게 하였고, 히데요시 자신은 히젠 주[肥前州, 지금의 사가[佐賀] 현]의 나고야[名護屋]에 가 있으면서 흉기(凶機)의 계책을 세우니, 병력이 모두 15만 6,700명이었다. 때는 대명 만력 20년 임진년(1592) 4월로 왜황 위(僞) 분로쿠[文祿] 2년이었다.[1]

히데요시는 이때에 대마도 도주(島主) 다이라노 요시토시[平義智]를 향도(嚮導)로 삼고 데루모토와 히데모토[秀元] 등을 장수로 삼아 조선을 침공하였다. 명나라 신종(神宗) 황제는 천하의 병사를 동원하고 제독 이여송(李如松) 등을 파견해 잇달아 공격하여 일본군을 크게 무찔렀다. 계사년(1593)에 황제는 심유경(沈惟敬) 등을 나고야에 파견하여 화의를 논하였다. 병신년(1596)에 심유경 등이 다시 나고야에 이르렀는데 히데요시가 황제의 조서를 보고 크게 노하여 화의가 결국 결렬되었다. 정유년(1597) 2월, 일본에서 다시 군대를 출동시켜 바다를 건너니 모두 10만 4,500명의 병력이었다. 황제는 또 형개(邢玠)와 진린(陳璘) 등을 파견하여 일본군을 잇달아 무찔렀다. 히데요시는 황제가 자신을 일본의 황제에 봉해줄 것이라 생각했는데, 황제의 조서를 열어보니 단지 일본왕에 봉해주었기에 재차 조선에 독기를 뻗쳐온 것이었다.

이에 앞서 히데요시는 아들이 없어 누이의 아들인 미요시 히데쓰구[三好秀次]를 양자로 들였는데, 그가 현명하고 재능이 있어 간파쿠의 일을 대리하도록 하였다. 후에 히데요시는 미요시에게 그 지위를 물려주고서 스스로는 태합(太閤)으로 칭하였다. 그런데 임진년 겨울이 되자 총애하던 첩이 아들 히데요리[秀賴]를 낳았다. 이시다 미쓰나리[石田三成]라는 자는 간교하고 꾀가 많아 미요시와 히데요시의 사이를 이간질하였는데, 미요시가 고야산(高野山)으로 도망가 승려가 되자 히데요시가 곧 그곳에서 사사(賜死)하였다.

내란이 갓 진정되었는데 조선을 침략한 군대가 오랫동안 공을 세우지 못했고 전염병이 끊이지 않았기에 결국 화의를 맺고 회군하였다. 이 당시 두 차례나 조선에 침입하였다가 패하였으며 또 히데요시가 여러 차례 토목공사를 일으켰던 탓에 백성들이 살아갈 방도가 없었으니, 장차 분열되어 붕괴할 형세가 있었다.

秀吉, 本姓豊臣, 尾張州 中村鄕人也. 兒寢多力, 狀如猿, 國人號曰猿王. 父素賤, 秀吉役事平信長, 信長收之爲義子, 擧庶務以聽之, 後爲筑前守. 初稱其姓曰木下, 名藤吉, 至是, 改其姓曰羽柴. 信長末年, 恣行形殺, 人不自保, 輝元, 時據山陽山陰, 信長使秀吉擊之. 會日向守明智弑信長, 卽與輝元修睦, 歸討明智滅之, 遂爲關白.

自安德 倭皇以後, 各州治兵爭長, 垂六百季, 號爲戰國. 秀吉得南蠻鳥銃法, 選兵試藝, 使毛利輝元,加藤淸正,小西行長等, 將之. 約以戰勝, 以所得財寶,城池, 賜其將士. 戰死者, 祿其家, 又選其子爲兵. 滅國者二百七十, 獨駿河州之源家康, 小田原之北條時宗, 負險自守, 秀吉屢攻不克, 遂覊縻和親.

秀吉旣得志, 欲犯大明, 爲異國皇帝, 將以朝鮮爲導. 仍通于朝鮮, 朝鮮嚴辭斥之. 秀吉大怒, 欲先侵朝鮮, 而慮家康,時宗之在後, 使人諭

意, 又請助兵. 家康許之, 時宗不許之, 秀吉進兵擊時宗, 拜年灌城屠
之. 遂盡發西海九州及長門周防安藝備前十三州之兵, 分九番, 向朝
鮮. 秀吉自往肥前州之名護屋, 策應凶機, 兵十五萬六千七百人, 時大
明 萬曆二十年壬辰四月, 倭皇僞文祿二年也.

秀吉於是以對馬守平義智爲嚮導, 以輝元秀元等爲將, 殘害朝鮮. 明
神宗皇帝動天下之兵, 遣提督李如松等, 連擊大破之. 癸巳, 帝遣沈惟
敬等, 至名護屋, 議和. 丙申, 沈惟敬等又至名護屋, 秀吉見璽書大怒,
和議遂變. 丁酉二月, 再出兵渡海, 凡十萬四千五百. 帝又遣邢玠陳璘
等, 連破之. 盖秀吉意帝封秀吉爲日本皇帝, 及開璽書, 只封爲日本王,
故再逞毒於朝鮮.

先是, 秀吉無子, 養姊子秀次三好爲子, 賢而才, 故使攝行關白事. 後
讓其位於三好, 自稱大閤. 至壬辰冬, 嬖妾生子秀賴, 有石田三成者,
奸而多謀, 搆間三好於秀吉, 三好亡走高野山, 爲僧, 秀吉卽所在賜死.
內難甫定, 而冠朝鮮之師久無功, 疾疫相仍, 故議和還軍. 至是, 再冠
而敗, 且秀吉屢興土木之役, 民不聊生, 將有分崩之勢.

❀

이 글은 『화국지』 1권 「수적본말(秀賊本末)」의 내용을 요약한 것이다.
이덕무는 도요토미 히데요시가 어떤 인물인지를 『화국지』를 참조해 기
술하였다. 미천한 집안에서 태어난 히데요시는 오다 노부나가[織田信
長]의 신하가 되어 두각을 드러내기 시작했다. 그는 오다 노부나가의

명령을 받아 모리 데루모토[毛利輝元]의 근거지를 공격하였고, 그러던 중 오다 노부나가가 부하인 아케치 미쓰히데[明智光秀]에게 살해당했다는 소식을 듣고 즉시 모리 데루모토와 화해한 뒤 돌아와 아케치 미쓰히데의 군대를 멸망시켰다. 일본 서쪽 지방을 평정한 히데요시는 조선 침략을 위한 준비를 추진함과 동시에 당시 관동 지방 일대에서 큰 세력을 가졌던 호죠 도키무네[北條時宗]를 공격하였다. '미요시 히데쓰구[三好秀次]'란 도요토미 히데요시의 누나의 아들로 히데요시의 양자가 된 인물인데, 후에 히데요시의 친아들인 도요토미 히데요리[豊臣秀賴]가 태어나자 히데쓰구는 모반을 도모하였다는 누명을 쓰고 처형당했다.

원중거는 일본에서 얻은 자료를 기초로 히데요시에 대해 철저히 알아보았다. 특징적인 부분을 지적하자면 첫째는 히데요시가 어떻게 각지의 다이묘[大名]들을 누르고 전국 상태의 일본을 통일하였는지를 상술한 점이다.

히데요시는 남만(南蠻)의 상인에게서 조총(鳥銃)을 만드는 법을 배워서 그 기계를 더 교묘하게 만들고, 정병(精兵)을 선발하여 옷과 음식을 후하게 지급한 뒤 때로 재주를 시험하여 상벌을 주었다. 그리고 모리 데루모토·가토 기요마사[加藤清正]·고니시 유키나가[小西行長] 등으로 하여금 병사들을 거느리게 하였다. 그들에게 약속하기를, 무릇 싸워서 적을 이기면 얻은 재물과 곡식은 병사들에게 나누어주고, 성지(城池)는 장수에게 봉해주며, 적을 많이 죽인 자는 상공(上功)으로 삼고, 싸우다 죽은 자는 그 가족에게 녹을 주며, 또한 그 아들을 뽑아서 병졸로 삼겠노라고 하였다. 이에 장수와 병사들이 그의 정병으로 선발되는 것을 즐거워하였으며, 나라 가운데 재주와 지혜와 용기와 힘이 있는 자들이 그에게 와서 의탁하였다. 나라를 멸한 것이 270여 국으로 여덟 개 주는 통합되어 하나가 되었다. [2]

이처럼 원중거는 히데요시가 용맹한 부하들을 거느리고 강대한 세력을 만들 수 있었던 이유로 조총을 잘 이용하였다는 점과 전쟁에 이긴 자에게 포상을 아끼지 않았던 점을 들었다. 원중거는 "저들이 중국을 침범하려 하고 우리나라를 업신여긴 것은 자신들의 배와 조총(鳥銃)을 믿어서이다"[3]라고 하며 일본인들이 중국까지 침략 가능하다고 여길 정도로 조총의 위력을 크게 신뢰하였다고 보았다.

일찍이 일본에서 억류생활을 하였던 강항도 『간양록』에서 남만에서 수입한 조총이 일본의 전쟁을 일변시켰다는 사실을 다음과 같이 지적하였다.

50년 전에 남만(南蠻)의 배 한 척이 표류해 왜국(倭國)에 도착했는데, 그 배에는 포탄(砲彈) 및 화약(火藥) 등이 가득 실려 있었다. 왜인(倭人)이 이때부터 포 쏘는 것을 배우기 시작했다. 왜인들은 성질이 영리하고 잘 배워서 40−50년 사이에 뛰어난 포수(砲手)가 온 나라에 퍼졌다. 지금의 왜놈은 옛날의 왜놈이 아니요, 우리나라의 방어는 또 옛날의 방어가 아니니, 강역(疆域)의 근심은 전일보다 백배나 더한 것이다. [4]

이처럼 강항은 화약과 포탄을 실은 남만선이 일본에 표착하였을 때부터 일본의 전쟁방식이 달라졌음을 전하면서 일본에 대한 군사적 대비를 촉구하였다.

원중거가 히데요시를 기술한 것 중에 히데요시의 인재활용술(人材活用術)을 언급한 점도 주목할 만하다. 가토 기요마사를 비롯한 용맹한 무장들이 히데요시의 부하로 모인 이유는 히데요시가 군사적 공적을 세운 신하들에게 토지를 아낌없이 주었기 때문이라는 것이다.

일본의 유학자 아라이 하쿠세키[新井白石]가 히데요시에 대하여 "공적이 있는 자에게 영지를 많이 부여하는 것, 이 한 가지 일은 세상 사람들이 칭송하는 바이자 나라를 다스리는 자들이 가장 두려워하는 바이다. 오늘날에도 도요토미 태합[豊臣太閤: 히데요시를 말함]을 지금에 이르기까지 사람들이 칭찬하는 것도 오직 이 한 가지 일 때문이다"[5]라고 하였다. 이를 보아 원중거는 히데요시의 인재활용술을 정확히 이해하고 있었다고 할 수 있다.

이덕무가 글의 말미에서 "장차 분열되어 붕괴할 형세가 있었다"라고 하였듯이 조선을 침략한 도요토미 정권은 실은 상당히 위험한 상태에 처해 있었다. 원중거는 전쟁이 오랫동안 이어지면서 점차 조선에 있던 병사들의 사기(士氣)가 떨어지고 국내의 상황도 악화된 당시 일본의 분위기를 다음과 같이 기록하였다.

바다를 건너자 병사들은 지치고 장수들은 겁을 내어 깊숙이 들어가려 하지 않았다. 또 우리나라의 해상에는 수군(水軍)이 누함(樓艦)을 띄워놓고 기다리고 있었고 명나라의 군대가 온 나라에 주둔해 있었다. 비록 한 번 싸워 이길 줄은 알아도 반드시 그 뒤를 보장할 수 없었으므로 단지 바닷가에 보루를 쌓아서 오래 버틸 계책으로 삼았다. 그러나 왜국에서는 이미 전쟁으로 말미암아 백성들이 굶주리고 추위에 시달려 장차 분열되어 붕괴할 형세가 있었다. 우리나라의 수비는 초기에 비해 더욱 완벽해졌고 사람들이 모두 죽음을 각오하고 싸우겠다는 뜻을 가지고 있었다. 그러므로 흉악한 무리의 마음은 꺾이고, 히데요시의 마음은 불만에 차서 우울하여 더욱 힘들고 고달프다는 생각을 하게 되던 차에, 적이 남원성을 함락하고 울산의 포위를 풀었다는 보고를 듣고는 심유경(沈惟敬)의 화의를 명분으로 삼아 군대를 퇴각시키고 나고야를 떠나 왜경(倭京: 교토를 말함)으로 돌아가 후시미[伏見]에 성을 쌓고 머물렀다.[6]

명나라의 원군에 고전한 일본군은 조선에서 열세에 몰렸다. 일본 국내에서도 반란의 징조가 있었다고 한다. 실제로 당시 일본에 있었던 강항은 오랫동안 이어지는 전쟁으로 인해 크게 지친 당시 일본 병사들의 모습을 다음과 같이 묘사하였다.

그들이 우리나라의 토지가 비옥하고 의식(衣食)이 풍족한 것과 제 나라의 법령(法令)이 각박하고 전쟁이 계속 이어지는 것을 비교해보고서, 항상 서로 "조선은 진실로 낙국(樂國)이요, 일본은 진실로 누추한 나라다"라고 하였습니다. 누군가는 바로 그 말을 듣고서 깨우쳐 주며, "우리나라에서는 항복한 왜인에게 그 은휼(恩恤)을 다하여 음식과 의복이 모두 장관(將官)과 같으며, 간간이 3품의 중한 벼슬을 얻은 사람도 있다"라고 하자, 듣는 자들이 모두 다 혀를 내두르며 감탄하여 진심으로 귀화하기를 원하였습니다.[7]

당시 일본 병사들 사이에는 전쟁을 꺼리는 분위기가 있었던 것이다. 이처럼 '붕괴할 형세'가 있었다는 이덕무의 발언은 오랫동안 일본을 관찰해온 선인들의 경험 위에 이루어진 것이다.

6.

재조지은(再造之恩)을 다시 생각하다

히데요시는 당시 나이가 예순셋으로 노쇠하고 병들었는데 히데요리는 어리석어 후사가 되기에 부족하였다. 무술년(1598) 5월에 뭇 왜인들이 기요마사의 부대 등 십여 개의 진(陣)만을 조선에 남겨두고 철수한 뒤에 이에야스 등과 상의하여 조선과 다시 강화를 맺으려 하였다. 그런데 히데요시는 병세가 악화되어 이에야스에게 뒷일을 부탁하고 히데요리의 어미에게 섭정의 일을 맡아보게 하였으며 또 주나곤[中納言]인 히데이에 등으로 하여금 히데요리를 모시고 오사카에 거하도록 하였다. 오사카는 형세가 후시미보다 나으므로 이에야스로 하여금 동부의 여러 장수들을 거느리고 오사카에 있으면서 서부의 여러 장수들을 방어하도록 하였고, 데루모토로 하여금 서부의 여러 장수들을 거느리고 후시미에 있으면서 동부의 여러 장수들에 대비하게 하였다.

『도명소도회(都名所圖會)』, 국제일본문화연구센터 소장
도요토미 히데요시의 묘소인 대불전(大仏殿) 방광사(方広寺)

　히데요시는 마침내 이해 8월에 오사카에서 죽어 대불사(大佛寺)에서
화장하였으니, 대불사는 히데요시가 지은 절이었다. 그 곁에 이총(耳塚)
이 있는데 둘레가 120칸이고 높이는 다섯 칸으로 조선에서 포획해 온
사람의 귀와 코를 묻은 곳이다.

　여러 왜장(倭將)이 차례대로 철수하였으나 기요마사[淸正]와 유키나
가[行長]는 여전히 조선을 다시 침략하려 계획하고 있었는데, 얼마 후
기요마사는 미쓰나리의 난에서 화를 당하였고 유키나가는 싸움에서 패
하여 죽었다. 여덟 개의 주가 이에야스에게 돌아갔고, 히데요리 역시

전쟁에서 죽으니 도요토미 가문에 살아남은 이가 없게 되었다.

신종황제(神宗皇帝)께서 동쪽을 정벌하신 일은 조선에 있어서는 재조지은(再造之恩: 멸망에서 구해준 은혜)에 해당하고 명나라에 있어서는 천하를 다스리는 체모를 얻은 것이니, 아아, 성대하구나!

秀吉時年六十三, 老且病, 秀賴蒙騃, 不堪爲後嗣. 戊戌五月, 諸倭撤還, 只留淸正等十餘陣于朝鮮, 與家康等相議, 復與朝鮮講和. 而病革, 托後事於家康, 因賜秀賴之母, 使攝政事, 又使中納言秀家等, 奉秀賴, 居大坂. 大坂形勢, 比伏見尤勝, 故使家康, 領東諸將居大坂, 以扞西諸將; 使輝元, 領西諸將居伏見, 以備東諸將.

竟以是年八月斃於大坂, 燒骨於大佛寺, 寺, 秀吉所建也. 傍有耳塚, 周一百二十間, 高五間, 以埋朝鮮所獲人之耳與鼻.

諸倭以次撤還, 而淸正·行長, 猶欲又謀入冠. 未幾, 淸正及於三成之難, 行長戰敗死. 八州歸於家康, 而秀賴亦死于兵, 豐臣氏無噍類.

神宗皇帝東征之擧, 在朝鮮爲再造之恩; 在明朝得君天下之體, 嗚呼, 盛矣!

❀

이 글 또한 『화국지』 1권 「수적본말(秀賊本末)」의 내용을 요약한 것이다. 도요토미 히데요시가 도쿠가와 이에야스에게 뒷일을 맡기고 죽은 것은 당시 후계자인 히데요리가 5세의 어린 나이였기 때문이다.

"기요마사와 유키나가는 여전히 조선을 다시 침략하려 계획하고 있었"다는 기술에는 오류가 있다. 고니시 유키나가[小西行長]는 가토 기요마사와 달리 조선 침략에 부정적이어서 화의를 맺을 것을 촉구하였으며, 임진왜란 당시에도 전략의 차이 때문에 서로 자주 대립하였다. 따라서 고니시 유키나가가 조선 재침을 함께 꾀했다고 쓴 것은 사실에 어긋난다. 두 사람의 운명은 임진왜란 이후에도 엇갈렸다. 조선에 침략하였을 때 선봉대를 이끈 기요마사는 히데요시 사후에 일어난 세력 다툼에서는 도쿠가와 이에야스 편에 가담하였고, 이에야스의 신하로서 수많은 군공을 세우고 1611년에 병사하였다. 반면 유키나가는 이에야스와 대립한 이시다 미쓰나리[石田三成] 편에 들었다가 적군에 잡혀 처형되었다.[1]

이 글에서 중요한 것은 "조선에 있어서는 재조지은(再造之恩)에 해당하고 명나라에 있어서는 천하를 다스리는 체모를 얻은 것"이라는 구절이다. 원중거는 『화국지』「수적본말」에서 명나라가 조선에 원군을 보냈던 동기를 두고 날카로운 논평을 쓴 바 있다.

신종황제가 격노하여 군대를 정비하여 미친 도적을 신속하게 쓸어버린 것은, 우리나라를 생각해서만이 아니라 또한 변방을 굳건히 하여 영토를 편안히 하고자 했기 때문이다. 어떤 이는 중국이 동쪽을 정벌함으로써 피해를 입었다고 하며 도리어 당시에 일을 주장한 사람들을 허물하였는데, 이는 크게 틀린 견해다. 만약 그들이, 속국이 중국 대신 오랑캐에게 침략당하는 것을 서서 구경만 하다가 들판에

풀조차 남아 있지 않은 지경에 이른 후에야 비로소 오랑캐의 폐해를 다스리고자 했다면, 이것이 어찌 천하의 군주 된 자가 차마 할 바이 겠는가?[2]

명나라가 일본의 조선 침략을 막은 것은 오직 조선을 위해서만이 아니라 자국의 안전을 고려해서였다는 것이다. 원중거는 만약 명나라가 조선이 침략당하는 것을 가만히 보기만 했더라면 대국의 군주로서의 체면에도 큰 허물이 되었을 것이라고 보고 있었다.

여러 번 싸워 여러 번 패하고서 비로소 천하의 군대를 움직였다면, 중국이 피해를 입은 것이 어찌 다만 지난날 정도로 그쳤겠는가? 하물며 우리나라는 명나라에 대하여 의리를 같이하며 안으로 복종하고 마음속 깊이 수백 년을 서로 믿어왔다. 또한 우리 땅이 연경(燕京: 북경)으로부터 불과 수천 리 떨어져 있는데 어찌 외번(外藩)이라 핑계하여 살펴 구제하지 않을 수 있는가? 당시의 계책으로는 도적이 아직 깊이 침입하지 않았을 때 우리나라와 힘을 합하여 쳐서 무찌르는 것이 최선이었으니, 그 형세가 공을 이루는 데 있어서 쉬운 것이다.[3]

만약 신종황제가 더 늦게 원군을 보냈더라면 명나라 군대도 쉽게 일본군을 물리칠 수는 없었을 것이며, 명나라 입장에서도 바로 옆에 일본과 같은 강대한 군사국가가 생기는 것은 원하지 않았을 것이다. 이것이 원중거의 견해이다. 이처럼 말하고서 원중거는 "중국이 동쪽을 정벌한 것은 우리나라에 있어서는 재조(再造)의 은혜가 있고, 중국에 있어서는 천하에 군림하는 체모를 얻었다"[4]라고 하였다. 원중거는 명나라가 조선으로 원군을 보낸 것을 도덕적인 관점에서만이 아니라 현실정치의 관점에서 분석한 것이다.

7.
도요토미 히데요시와
도쿠가와 이에야스[德川家康]

미나모토노 이에야스[源家康]는 원래 호시나[保科]를 성(姓)으로 삼았다가 다시 마츠다이라[松平]로 고쳤는데, 그 가계(家系)는 세이와[清和] 천황으로부터 나왔다. 세이와 천황의 6세손으로 요리요시[賴義]라는 자가 있었는데 그는 이요노카미[伊豫守]로서 국정을 다스렸고, 6세손인 요시사다[義定]는 권력을 잡고서 간파쿠의 일을 행하였다. 9세손인 기요야스[清康]는 일찍이 절에서 자고 있었는데 손바닥에 '시(是)' 자가 나타나는 꿈을 꾸었다. 점을 치는 사람이 말하기를 "'시(是)'를 파자(破字)하면 '일하인(日下人)'이 되니, 덕화(德化)가 천하에 미치게 될 징조입니다"라고 하였다. 이래로 권세가 날로 늘어나 손자인 이에야스에 이르러서 통일을 하게 되었으니, 마침내 그 절에 시자사(是字寺: 제노지데라)라는 이름을 붙여 주었다.

이에야스의 아버지 히로타다[廣忠]는 요절하였다. 이에야스는 고아가 되어서 호다이지[寶臺寺]에 의탁하였는데, 절의 승려들이 그가 보통 사람이 아님을 알았다. 일찍이 불상 앞에서 제비를 뽑아 축원하며 말하기를, "원컨대 이 아이로 하여금 귀하게 되어 태수(太守)가 되도록 하게 해주십시오"라고 하였는데, 이에야스가 곁에 있다가 웃으며 말하기를, "대장부가 응당 한 주의 태수가 되는 데 그쳐야 하겠는가?"라고 하자 승려들이 그를 더욱 기이하게 여겼다.

이에야스는 장성하자 재주가 뛰어나고 도량이 넓었다. 처음에는 스루가 부[駿河府]에 근거하였는데, 히데요시가 호전적임을 보고 날로 군사를 양성하여 스스로를 지켰다. 히데요시가 누차 공격하여도 이기지 못하자 이후에 결국 이에야스와 화의를 맺고 기미책으로 대하였다.

히데요시는 60개 주를 통일한 뒤에도 오히려 이에야스의 사람됨을 두려워하였다. 마침내 북쪽으로 중국을 침범할 계획을 세우고는 스스로 말하기를 "내가 만약 중원의 천자가 된다면 마땅히 일본은 모두 이에야스에게 배속시키겠다"라고 하였더니, 이에야스는 웃으며 이를 수락하였다.

히데요시가 마침내 군대를 보내어 조선을 침략하게 하고 자신은 나고야에 가서 전군을 지휘하였는데, 이에야스는 지원병을 보내지 않고 다만 사신을 보내어 안부를 물을 뿐이었다. 히데요시가 뜻을 이루지 못한 뒤 오랫동안 병을 앓다가 돌아와 이에야스에게 사람을 보내어 만나보기를 청하였다. 이에 이에야스는 장사 50명과 함께 말을 달려 후시미 성에 이르렀다. 히데요시는 그를 맞이하여 안으로 들이고는 악수하며 극히 기뻐하였으며, 애첩을 내주었다. 당시에 히데쓰구는 이미 죽고 히데요리는 아직 어렸는데, 히데요시는 히데요리로 하여금 나와서 이에야스에게 절하도록 한 뒤 이에야스에게 히데요리를 부탁하였으며 국사(國事)를 섭정해주기를 권하였다. 이에야스는 절하여 감사를 표하고 돌아간 뒤 자기 딸을 히데요리에게 시집보냈다.

源家康, 初以保科爲氏, 改爲松平, 系出淸和 倭皇. 六世有賴義, 以伊豫守行國政, 六世孫義定, 執國命, 行關白事. 九世至淸康, 嘗宿僧寺, 夢掌中生是字, 人有占之曰: "是字, 日下人也. 德化覃於天下之兆." 自是, 威武日增, 至其孫家康而一統焉, 遂名其寺曰'是字寺'.

家康父廣忠早夭. 家康旣孤, 依於寶臺寺, 寺僧知其爲非常人, 嘗抽籤祝于佛前曰: "願使此兒, 貴爲太守." 家康在傍笑曰: "大丈夫當止一州太守而已耶?" 僧益奇之.

及長器量宏大. 初據駿河府, 見秀吉黷武, 家康日治兵自守. 秀吉屢攻不克, 後遂與議和, 羈縻之.

秀吉旣統合六十州, 而尙憚家康之爲人, 而遂有北犯中國之計, 自言: "我若爲中原天子, 則當以日本專屬家康." 家康笑而許之.

秀吉遂出兵, 犯朝鮮, 自往名護屋, 接應諸軍. 家康不助兵, 只遣使相問而已. 秀吉旣不得志, 淹病而還, 遣人請見. 於是, 家康與壯士五十騎馳至伏見城. 秀吉邀入臥內, 握手極歡, 出愛妾與之. 時秀次已死, 而秀賴尙幼, 秀吉使之出拜家康, 因托秀賴焉, 又勸監國事. 家康拜謝而歸, 以其女妻秀賴.

이 글은 『화국지』 권1 「무주본말(武州本末)」에서 가져온 것이다. 원중거가 기록한 대로 도요토미 히데요시와 도쿠가와 이에야스는 예부터 길항관계에 있었다. 각각 일대 세력을 떨치던 두 명의 다이묘는 1584년에 큰 전쟁을 일으켜 충돌하였다. 이 전쟁을 고마키·나가쿠테[小牧·長久手] 전쟁이라 부르는데, 최종적으로는 휴전조약을 맺고 화해하였다. 당시 히데요시가 가장 강대한 권력을 장악하고 있었기 때문에 이에야스는 히데요시를 신종(臣從)하였으나, 서로 견제하는 관계는 유지되었다.

　　『화국지』에는 후시미 성에서 히데요시와 이에야스가 나눈 대화가 더 자세하게 기록되어 있다.

　　　히데요시가 히데요리로 하여금 나와서 이에야스에게 절하게 하고 히데요리를 부탁하며, "지금의 영웅은 오직 그대와 나뿐이다. 내가 죽은 후 천하의 일은 그대에게 돌아가지 않으면 장차 어디로 가겠는가? 이 아이를 즉위시킬 만하면 즉위시키고, 그렇지 않으면 그대가 스스로 다스리라"라고 말하였다. 그리고 이에야스로 하여금 국사를 섭정하게 하였다. 이에야스는 절하며 사례하고 돌아와서 자기 딸을 히데요리에게 시집보내어 믿게 하였다. 히데요시가 죽자 히데요리가 즉위하였는데, 이에야스 또한 문안가는 것을 끊지 않았다.[1]

이에야스가 자신의 딸을 히데요리에게 시집보냈다는 기록이 보이는데, 정확히는 딸이 아니라 이에야스의 손녀이다. 이에야스의 손녀와 히데요리가 성인이 되었을 때에 혼인을 시키자는 약속을 하였다는 뜻이다.

인용문에 나온 그대로의 유언을 히데요시가 실제로 남겼으리라 생각되지는 않지만, 야사(野史)에 가까운 이 일화를 소개한 데에서도 드러나듯 이에야스의 인물됨을 묘사한 원중거의 필치는 대체로 긍정적이다. 이러한 태도는 이덕무의 글에도 반영되어 있다.

조선 사절들은 대체로 도요토미 히데요시를 전쟁을 주모한 잔인하고 흉악한 이로 보았고 도쿠가와 이에야스를 온화하고 총명한 군주로 보았다. 그런데 이에야스의 이미지는 약육강식의 전국 시대를 살아남아 최후의 승리자가 된 사람이라 하기에는 과도하게 선한 쪽으로 미화된 것이 아닌가 하는 생각이 들게 한다. 도요토미 정권 시대에 일본에 억류되었던 강항은 히데요시와 이에야스에 대해 일본에서 들은 바를 다음과 같이 기록하였다.

> 히데요시는 성을 공격하여 적을 이겨서 적이 항복한 뒤에는 곧 원수로서의 원한을 잊어버려 성지(城池)와 민가를 하나도 빼앗지 않았고 혹 다른 고을을 덧붙여 주었습니다. 반면 이에야스는 암암리에 은원(恩怨)을 행하여 한 번 반목하면 반드시 상대를 사지(死地)에 몰아넣은 뒤에야 그쳤으므로, 뭇 왜인들이 세력을 두려워해 겉으로는 복종했으나 심복하는 사람은 하나도 없었습니다.[2]

당시 일본에서 실제로 들은 이야기를 전한 강항의 기록은 도쿠가와 이에야스의 또 다른 측면을 들여다보게 해준다고 할 수 있다.

8.

세키가하라[關原] 전쟁

히데요시가 죽고 히데요리가 즉위하자 교만하고 포악한 정사가 날로 심해졌다. 그 신하인 미쓰나리의 무리들이 그에게 영합하였는데, 이는 히데요리가 덕을 잃고 민심을 잃으면 스스로 나라를 차지하려 한 것이었다. 그러나 히데요리는 도리어 이들을 충성스럽다고 여겼으며 또한 우매하고 무식하였기에 여러 신하들이 점점 그에게 반기를 들었다.

당시 고니시 유키나가는 사실상 병권을 쥐고 있었기에 향하는 곳마다 적수가 없었다. 미쓰나리는 이에야스와 유키나가 사이를 이간질하여 싸움을 붙인 뒤에 스스로 둘 다 제압하고자 하였다. 그는 결국 이에야스를 히데요리에게 참소하고 사사로이 유키나가를 도발하였다. 유키나가가 마침내 이에야스를 공격하자 이에야스는 양성한 정병을 모두 내어서 세키가하라에서 싸웠다. 하루 낮과 두 밤이 지나 유키나가가 크게 패하여 달아나 이부키산[伊吹山]에서 죽었다. 이를 세키가하라 전투라고 하며, 또한 게이초노에키[慶長之役]라고도 부른다. 게이초란 왜황의 연호이다. 왜인들은 말하길, 일본의 큰 싸움으로는 세키가하라 전투만 한 것이 없고, 그 다음으로는 미나모토노 요시쓰네[源義經]의 이치노다니[一谷]와 아카마가세키[赤間關]에서의 전투라고 한다.

이에야스는 멀리 후시미 성까지 추격하여 미쓰나리의 군대를 패퇴시키고 마침내 히데요리를 죽였다. 미쓰나리 등은 다이라 일족을 모두 멸망시켜 히데요시의 정권을 세운 뒤 오사카로 이주하여 땅굴에 보화를 보관하였다. 히데요시가 축적한 재산이 이미 억만금에 달하였고, 오사카에서 거둔 호세(戶稅) 및 선세와 상업세 또한 모두 오사카로 모여들었기에 오사카의 부유함은 관서 지방에서 으뜸이었으나, 이때 이에야스는 에도로 물러나 미나모토노 요리토모[源賴朝]의 옛 제도를 전부 복원하고 더 확대하였다.

秀吉死, 秀賴立, 驕虐日甚. 其臣三成之徒, 從而逢迎, 蓋欲使秀賴失德失民, 己自圖之. 秀賴反以爲忠, 又愚騃無識, 羣下稍稍反之.
時小西行長, 實掌兵柄, 所向無敵. 三成欲家康行長構隙相圖, 己從而制之, 遂譖家康於秀賴, 而私挑行長. 行長遂擊家康, 家康悉出所養精兵, 合戰于關原. 一晝二夜, 行長大敗走, 死于伊吹山. 是謂關原之戰, 亦稱慶長之役, 慶長者, 倭皇之年號也. 倭人以爲, 日本大戰, 無過於關原, 其次爲源義經 一谷赤關之戰云.
家康長驅, 至伏見城, 三成軍敗, 遂殺秀賴. 三成等, 盡滅平氏之族,

一變秀吉之政, 移居大坂, 藏貨寶於地窖. 秀吉之蓄積, 旣億萬計, 而
大坂之廬稅.船賦.市肆之征, 皆委輸于大坂. 大坂之富, 甲于關西. 於
是, 退處江戶, 盡復源賴朝舊制, 而加大之.

❋

 이 글 또한『화국지』권1「무주본말(武州本末)」에서 따온 것이다. 도요
토미 히데요시가 죽은 후 도쿠가와 이에야스가 손쉽게 권력을 잡은 것
은 결코 아니었다. 당시 이에야스에게 대항하려는 다이묘들이 각지에
있었다. 1600년 9월, 도쿠가와 이에야스가 이끄는 동군(東軍)과 이시다
미쓰나리[石田三成]가 이끄는 서군(西軍)이 세키가하라[關原: 지금의 기후
현 후와 군]에서 격돌한 결과 동군이 승리하였다. 이 전쟁을 '세키가하라
전쟁'이라 한다. 미쓰나리는 처형되었으며, 이에야스의 세력은 크게 확
대되었다. 도요토미 히데요시가 오사카와 교토에 큰 성을 쌓고 근거지
로 삼은 것과 달리 도쿠가와 이에야스는 에도를 근거지로 삼아 1603년
에도 막부[江戶幕府]를 개설하였다. 도쿠가와 막부의 시대는 1867년까
지 이어졌다.

9.
에도 성[江戶城]의 구조

도도 다카토라[藤堂高虎]라는 사람이 이에야스에게 이렇게 말하였다.

"여러 장수들의 처자를 인질로 잡아 에도에 두십시오. 이것이 치국평천하(治國平天下)의 상책(上策)입니다."

이에야스가 그 말을 옳게 여겨 세 겹의 성을 쌓아 스스로는 내성(內城)에 거하였고, 중성(中城)에는 각 주의 태수부(太守府)를 둘러두고 그들로 하여금 온갖 교묘하고 사치스러운 것을 누리게 하였는데, 비단 금령(禁令)이 없었을 뿐만이 아니라 도리어 비용을 대주었다. 외성에는 사무라이들이 살았고 또 성 바깥에는 상인·공인·서인(庶人)들이 살았으며 또 그 바깥에는 해자를 팠고 해자 안에는 목책을 설치하였는데 목책은 둘레가 오십여 리에 달하였다.

남의 과실을 고발하는 문을 널리 열었으니, 뭇 저부(邸府)의 태수들이 사치스럽고 음란함에 빠져 욕망을 다하는 것은 허락하였으나 만약 문무를 일삼아 자부하며 자신을 소중히 여기는 자가 있으면 다른 뜻을 품은 것으로 간주하여 고발되면 모두 극형에 처하였다. 그러므로 뭇 태수들이 황음무도(荒淫無道)하다가 요절한 자가 많아 훌륭한 명성이 나지 못했고 서로 사사로이 사귀지도 못했다. 그 가신들 또한 감히 서로 사사로이 방문하지 못했고 또 감히 사사로이 호위병을 진열(陳列)하지 못하였다. 태수부에 있으면서 창기(娼妓)를 가까이하여 자녀를 낳으면 곧 에도의 저택으로 옮겨 들어오게 하였다.

> 有藤堂高虎者, 言于家康曰: "質諸將妻子, 置之江戶, 則治平之上策也." 家康然之, 築三重城, 而自居內城, 中城環置各州太守府, 使之窮巧極奢, 不徒無禁, 又自助費. 外城則士臣居之. 又其外商工庶人居之, 又其外爲濠, 而濠內樹柵, 柵環五十餘里.
>
> 廣開告訐之門, 凡邸府諸守, 沈湎奢淫, 許令窮其慾, 若有業文武, 矜持自好者, 謂有異志, 被告訐, 皆抵極罪, 故諸州守多荒淫夭死, 無令聞, 無私交, 其家臣亦不敢私相問聞, 又不敢私陳兵衛. 在府, 有近娼妓, 生子女者, 輒移入于江戶之邸.

❋

제8절에서 이어지는 부분으로, 도쿠가와 이에야스가 어떠한 정치를 폈는지를 서술하였다. "여러 장수들의 처자를 인질로 잡아 에도에 두십

시오. 이것이 치국평천하의 상책입니다"라는 말은 참근교대(參勤交代)를 가리킨다. 참근교대란 지방의 영주들을 일정 기간 에도에 불러 군역(軍役)을 시키는 제도로, 군역을 마친 영주들은 에도에 자신의 처자를 두고 영지에 돌아가야 했다. 즉 일종의 인질 정책으로, 영주들의 반란을 방지하기 위한 것이었다.

적의 침입을 상정해서 만들어진 에도 성은 몇 겹의 문과 토루(土壘)로 둘러싸여 있었다. 조선 사절들은 에도 성에서 막부 쇼군과 만나 국서를 교환하였기 때문에 에도 성의 내부구조를 직접 볼 수 있었다. 견고한 문으로 엄중히 방호된 에도 성의 구조는 사절들을 경탄시켰다. 조선 사절들이 남긴 사행록에서 에도 성이 어떻게 묘사되었는지를 제시하면 다음과 같다.

간파쿠[關伯]가 사는 집은 성곽(城郭)이나 도랑과 못이 웅장하고 견고하여 아마 천하에서 제일인 듯하다. 이중 누각과 높다란 집이 겹겹으로 끊이지 않았는데 흰 담장과 금빛 벽이 태양에 비쳐 빛나서, 그 사치스럽고 화려하고 호화롭고 풍부하기가 이루 다 말할 수가 없었다.[1]

이에야스는 히데요시 세력을 꺾은 후 에도로 도읍을 옮겨서 세 겹의 성을 쌓았는데, 둘레가 오십여 리로 공관(公館), 번(藩)의 저택(邸宅), 서민(庶民)의 가옥이 천호·만호를 헤아렸다. (…) 식량이 풍부하고 군대가 강하여 예순여섯 개 주(州)를 호령하기를 팔이 손가락 부리듯하였다. 이에야스 이후 100여 년간 나라에 전란이 없어서 군신(君臣)이 갑옷과 칼을 쓰지 아니하였으므로 오직 집, 배, 수레, 복색(服色), 놀이하는 것에만 힘을 썼다.[2]

이덕무의 글 중에 보이는 "태수들이 사치스럽고 음란함에 빠져 욕망을 다하는 것은 허락"하였다는 말은 신유한이 묘사한 에도 성의 모습과 일치한다. 세 겹의 견고하고 엄중한 성곽 내부에는 사치스럽고 화려한 세계가 펼쳐져 있었던 것이다.

10.
경제적 번영과 정치적 안정

    이에야스가 계책을 내어 여러 장수들을 어리석게 만든 뒤에 스스로
는 검약(儉約)을 행하고 뭇사람을 간략하고 너그럽게 다스렸기에 아랫
사람들이 오래도록 편안하게 여겼으나 감히 조금도 해이해지지 않았
다. 그는 비록 왜황을 구속하고 감독하였으나 신하로서의 예는 폐하지
않았고, 태수들을 핍박하였지만 베푼 은정(恩情)은 줄이지 않아, 종일
토록 한가히 있어도 상하에 일이 없었다. 그는 관동 지방에 식읍(食邑)
이 많은 데다 사도[佐渡]의 금광도 점유하였는데, 나라 안에 단 한 곳인
금광을 오로지 간파쿠가 주관하였기에 나라에 세금을 부과하지 않아도
국가의 재용이 넉넉하였다. 황금에는 아홉 등급이 있었는데 모두 '간파
쿠'라는 글자를 새겨서 나라 안에 통용시켰다. 그 정금(精金)은 소주(蘇
州)·항주(杭州)와 해중(海中)의 여러 나라들에 유통되었다. 일본과 통상

하는 나라는 모두 30여 국이 있다.

家康旣設計, 以愚諸將, 而躬行儉約, 御衆以簡, 久而安之, 不敢少懈.
雖拘管倭皇, 而臣禮不廢; 雖劫束諸守, 而恩意不衰, 終日閒居, 上下
無事. 關東之食邑旣多, 而又占佐渡之金穴. 金穴, 國中只有一處, 而
獨關白主之. 故國中無賦稅, 而國用充溢. 金有九品, 皆刻關白字標,
周行國中. 其精金則泉流于蘓杭及海中諸國. 諸國之通商者, 凡三十
有餘.

❊

계속해서 이덕무는 『화국지』 「무주본말」의 내용을 인용하면서 이에
야스가 안정적으로 나라를 다스리고 경제 발전을 이루었음을 기술하였
다. '사도[佐渡]'란 니이가타[新潟] 현의 서쪽에 있는 섬으로 거기에 있는
광산에서 금은이 발굴되었다. 도쿠가와 막부는 사도를 직할지로 삼아
광산 발굴에 힘썼다. 또 나가사키를 통해 제한적이지만 무역도 하였다.
이 때문에 에도 시대 일본의 경제는 상당히 발전하였고, 사절들의 눈에
비친 에도 시대 일본은 화려하고 호사스러웠다.
  김인경의 『일동장유가』에는 오사카와 에도를 방문하였을 때 느낀 감
개가 묘사되어 있다. 그는 배에서 내려서 숙소로 가는 동안 목도한 오
사카의 길거리를 다음과 같이 묘사하였다.

하륙(下陸)함을 청(請)하거늘,

삼사상(三使相)을 모시고서

본원사(本願寺)로 들어갈 때

길을 낀 여염(閭閻)들이

접옥(接屋) 연장(連墻)하고,

번화(繁華) 부려(富麗)하여

아국(我國)의 종로(鐘路)보다

만 배(萬倍)나 더하구나[1]

이처럼 그는 오사카의 번화한 길거리에 크게 놀랐음을 기록하였다. 나고야에 도착하였을 때에는 다음과 같이 읊었다.

산천(山川)이 광활(廣闊)하고

생식(生殖)이 번성(繁盛)하며,

전답(田畓)이 기름지고,

가사(家舍)에 사치(奢侈)하기

일로(一路)에 제일(第一)이라.[2]

에도는 더욱 번화한 곳이었다. 에도에서 그는 다음과 같이 읊었다.

누대제택(樓臺第宅) 사치(奢侈)함과

인물 남녀(人物男女) 번성(繁盛)하다.

성첩(城堞)이 정장(整壯)한 것과

교량(橋梁) 주즙(舟楫) 기특한 것

오사카 성(大坂) 서경(西京: 교토를 말함)보다

삼배(三培)나 더하구나.[3]

이덕무의 글은 이러한 일본의 번영이 광산 발굴이나 해외무역으로
이루어졌음을 밝힌 것이다.

11.

제8대 쇼군 도쿠가와
요시무네[德川吉宗]의 일화

요시무네[吉宗]는 이에야스의 일곱째 아들 요리노부[賴宣]의 아들 미쓰사다[光貞]의 셋째 아들이다. 사람됨이 걸출하였고 기이노카미[紀伊守]가 되어서는 은혜로운 정사를 많이 펼쳤으며 쇼군의 지위를 잇고 나서는 왕이라는 호칭을 버리고 오로지 간파쿠로 칭하였다.

그는 무력을 숭상하여 늘 손에 30근의 철장을 들고 다녔다. 가끔 홀로 매사냥을 나섰는데 집정(執政) 하라타다[原忠]가 극력 간언하자 요시무네가 웃으며 말하였다.

"백성들이 만약 나를 사랑하고 아낀다면 홀로 다녀도 나를 해칠 이가 없을 것이나, 백성들이 만약 원망하며 반역하려는 마음을 품었다면 철옹성 속에 있다 하여도 화를 피할 수 없을 것이네."

그러고서 곧 비단을 내려 그가 직언한 것을 표창하였고, 또 칙령을 내려 수렵하는 자들이 백성의 농지를 범하지 말 것을 명하였다.

여러 신하들이 비단옷을 입은 것을 보고서 웃으며 말하기를, "나는 무명옷만으로도 충분하다"라고 하였다.

또한 죽을죄를 덜어주고, 밀린 세금을 탕감해주니 나라 사람들이 모두 기뻐하였다.

이전에는 조선의 사자가 전명(傳命)할 때 반드시 군사를 진열(陳列)시키고 접견하였는데, 요시무네는 이를 그만두게 하며 말하기를, "손님을 환대하는 방법이 못 된다"라고 하였다. 연회에서 전례에 따라 음악을 연주하였는데, 요시무네가 말하기를, "외국의 음악은 듣기에 좋지 않다"라고 하여 그만두게 명하였다.

병신년(1716)에 즉위하여 31년이 지나 이에시게[家重]에게 쇼군의 자리를 물려주었으니 당시 나이는 65세였다. 이후 몇 년이 지나 죽어 어떤 산에 부장(附葬)되었고, 원당(願堂)은 유덕원전(有德院殿)이라 한다.

吉宗, 家康第七子賴宣之子光貞之第三子也. 爲人魁傑, 爲紀伊守, 多惠政. 及承位, 去王號, 只稱關白.

專尙武力, 常手携三十斤鐵杖. 時自臂鷹獨出, 執政原忠力諫, 吉宗笑曰: "民苟愛戴, 雖獨行, 無害我者; 民若叛怨, 雖居鐵關, 無能逃禍."

卽賜絹, 旋其直言, 且勅獵人毋犯民稼.

見諸臣衣錦, 笑曰: "吾以綿布爲衣, 亦足掩體."

減死罪, 蠲逋債, 國人皆驩如也.

先是, 朝鮮使者傳命, 必陳兵而見, 吉宗則撤之曰: "非所以接歡也."

宴亨例奏樂, 吉宗曰: "異邦之聲, 不足悅耳." 命廢之.

丙申嗣, 三十一年而傳位于家重, 時年六十五. 後幾年而死, 附葬于某

山, 願堂曰有德院殿.

❋

『화국지』권1「무주본말」의 도쿠가와 요시무네에 대한 기사를 축약
하여 전재한 내용이다. 요시무네는 제8대 쇼군으로, 그는 이에야스 다
음으로 사절들이 주목한 쇼군이었다. 1719년 일본 사행에 참여한 신유
한은 요시무네에 대해 일본에서 들었던 이야기를 다음과 같이 기록하
였다.

요시무네는 위인이 매섭고 준수하고 명석하였다. 지금 나이 35세인
데 기개가 걸출하고 또한 국량(局量)이 있었다. 무(武)는 좋아하고 문
(文)은 싫어하였으며 검소함을 숭상하고 사치를 배척하였다.[1]

그의 정치는 반드시 온후하고 질박(質朴)함을 우선시하여 궁한 백성
을 어루만져 주었으니, 밀린 세금을 감면해주고, 사람이 죽을죄를
범해도 사형 대신에 코를 베거나 발을 베는 형을 행하니, 국민들이
칭송하지 않는 이가 없었다. 다만 그의 용맹과 힘이 남보다 뛰어나
고 성품이 사냥하기를 좋아하여 능히 30근 철장(鐵杖)을 가지고 산에
걸어 올랐고, 때로 매(鷹)를 팔에 앉히고 교외에 나다녔다.[2]

비단옷을 입고 입시(入侍)한 신하가 있었는데, 요시무네가 문득 그 옷의 값을 물어보고 곧 말하기를, "내가 입은 무명옷도 족히 몸을 덮을 수 있다"라고 하였다. 그 후로 모시는 신하가 감히 비단옷을 입지 못하였다 한다.[3]

신유한은 이처럼 요시무네가 역대 쇼군과 조금 다른 면모를 가진 인물임을 강조하면서 그의 정치를 긍정적으로 평가하였다. 이덕무는 당시에 전해진 요시무네에 대한 일화를 소개하면서 그의 인물상을 자세히 기록하였다. 이에야스 외에 이처럼 사절들에게 주목받은 쇼군은 없다. 이덕무는 이 기록을 통해 일본에도 평온한 사회를 오랫동안 유지하게 한 뛰어난 위정자가 있었음을 전한 것이다.

12.

후지와라 세이카[藤原惺窩]와
강항(姜沆)

후지와라 슈쿠[藤原肅]는 자가 렌부[斂夫]이고 호가 세이카[惺窩]이다. 교고쿠 고몬[京極黃門] 사다이에[定家][1]의 후손이며 다메즈미[爲純]의 아들이다. 성품이 총명하여 글에 대해 통달하지 않은 것이 없었다. 머리를 깎고 승려가 되어 법명을 슌[舜]이라 하고 묘쥬엔[妙壽院] 수좌(首座)를 칭하였는데, 비록 불가의 책을 읽어도 뜻은 유가에 있었다.

일찍이 중원과 조선을 사모하여 명나라에 들어가고자 하였으나 폭풍을 만나 돌아왔고, 조선으로 건너오고자 하였으나 전쟁이 일어나 그만두었다. 조선의 원외랑(員外郞) 강항(姜沆)이 아카마쓰 씨[赤松氏]에게 객으로 와 있다가 렌부를 만나보고 칭찬하였다.

일본의 유자들은 오로지 한(漢)·당(唐) 때의 주소(注疏)만을 읽었는데 렌부는 스스로 정자(程子)·주자(朱子)의 훈고(訓詁)에 근거하였으니 그 공이 가장 컸다. 이에야스가 그가 재주와 덕이 있다는 말을 듣고서 집을 지어주고 쌀을 주려 하였으나 모두 사양하고 받지 않았다. 일찍이 이에야스를 위하여 『정관정요(貞觀政要)』와 『십칠사(十七史)』를 강의하였으나, 제자인 쟈쿠슈[若州] 쇼슈[小將] 가쓰토시[勝俊]와 사효[左兵] 히로미치[廣通]와 교유하여 말하기를, "일본의 장관(將官)은 모두 도적이나 오직 히로미치만이 사람의 마음을 가지고 있다"라고 하였다.

히로미치는 간무[桓武] 왜황의 9세손으로, 육경(六經)을 독실히 좋아하여 비바람이 몰아치는 말 위에서도 일찍이 책을 놓은 적이 없었다. 일본에는 본디 상례(喪禮)가 없었는데 히로미치는 홀로 삼년상을 치렀다. 중원의 제도와 조선의 예(禮)를 독실히 좋아하여 의복과 음식과 같은 세세한 예절에 대해서도 반드시 본받고자 하였다. 또한 조선의 『오례의(五禮儀)』와 『군학석채의(郡學釋菜儀)』를 얻어 보고서 다지마[但馬]의 사읍(私邑)에 명령하여 공자묘(孔子廟)를 세우고 조선의 제복(祭服)을 만들고서 아랫사람들로 하여금 제의(祭儀)를 익히게 하였다. 그는 육경을 써 달라고 강항에게 부탁하고서 남몰래 은화를 주어 귀국하는 길에 여비를 보태주었다.

藤原肅, 字斂夫, 號惺窩, 京極黃門定家之孫, 而爲純之子也. 性聰明, 於書無不通. 祝髮爲浮屠, 法名蕣, 稱妙壽院首座. 雖讀佛書, 志在儒家. 嘗慕中原及朝鮮, 欲入大明, 遇風而還; 欲渡朝鮮, 因師旅而止. 朝鮮員外郎姜沆, 來客於赤松氏, 見斂夫,[2] 加稱譽焉.

日本儒者, 惟讀漢唐注疏, 而斂夫自據程朱訓詁, 其功最大. 家康聞

其才賢, 築室給米, 俱辭不受. 爲家康, 嘗講『貞觀政要』『十七史』, 獨
與其弟子若州小將勝俊左兵廣通遊曰: "日本將官, 盡是盜賊, 惟廣通
有人心."

通, 桓武之九世孫, 篤好六經, 雖風雨馬上, 未嘗釋卷. 日本素無喪禮,
而通獨行三年喪. 篤好中原之制, 朝鮮之禮, 雖衣服飮食末節, 必欲效
焉. 又得朝鮮『五禮儀』及『郡學釋菜儀』, 督其但馬私邑, 立孔子廟, 製
朝鮮祭服, 率其下習祭儀. 托寫六經於姜員外, 潛以銀錢助之, 以資歸
路.

❋

이 단락은 『화국지』 권2 「학문지인(學問之人)」에서 가져온 것인데, 후
지와라 세이카와 강항의 교유에 대한 내용은 대부분 『간양록』이 원출처
이다. 원중거는 세이카에 대한 칭찬을 아끼지 않았다. 『청령국지』에는
『화국지』에 실린 세이카에 대한 논평이 일부만 전재되었는데 그 논평의
말미에는 다음과 같은 내용이 이어진다.

강수은(姜睡隱: 강항을 말함)의 『간양록』을 살펴보면 순수좌(蕣首座: 세이카
를 말함)의 일을 매우 상세하게 논하였다. 모두 해외의 호걸스러운 선
비들이다. 그 뜻을 세움이 구차하지 않고, 의리를 지키어 한쪽에 치
우치지 않았으며, 전해오지 않았던 학문의 단서를 얻어 나라의 학문
을 열어놓았으니 그 공이 또한 크다. 그가 머리를 깎고 승복을 입은

것은 어쩌면 스스로 세상과 단절하여 히데요시의 포학을 피하고자 한 것이 아닐까? 알지 못할 일이다. (…) 전쟁터의 피가 하늘을 뒤덮는 가운데서 몸을 일으켜 막부의 무용(武勇)을 좋아하는 군주에게 항거하여 『정관정요』와 『십칠사』를 강의해서 전쟁을 끝내고 스스로 수양하게 하였으며 한 나라를 200년 동안 태평한 운수에 두게 하는 데 이르렀으니, 렌부(斂夫: 세이카를 말함)는 자기 뜻을 실천했다고 할 만하며, 그 나라에서 저명하였던 현자라고 해도 무방할 것이다. 지금 보니 『간양록』이 이미 간행되어 렌부의 본말이 그 가운데 들어 있어 여기서는 다시 상세히 말하지 않겠다.[3]

이처럼 원중거는 군인이 지배하는 나라에서 학문의 단서를 열어 일본을 평화로 이끌어나간 세이카의 위업을 칭송하였다. "그가 머리를 깎고 승복을 입은 것은 어쩌면 스스로 세상과 단절하여 히데요시의 포학을 피하고자 한 것이 아닐까?"라는 말에서 알 수 있듯이 원중거는 당시 일본에서 승려가 되는 것이 폭력적인 세상에서 벗어나 자기수양에 전심할 수 있는 유일한 방법이라고 보았다.

실제로 승려로서 살아간다는 것은 그 당시 일본에서 전란의 시대를 살아남는 데 필요한 일종의 처세술이었다. 당시 일본에 있었던 강항은 승려 신분으로서 살아가는 사람들을 다음과 같이 묘사하였다.

남자는 반드시 칼을 찬다. 한 번 칼을 차면 오직 병무(兵務)와 역사(役事)를 다스릴 따름이다. 유독 승려들만은 칼을 차지 아니하는데, 그들 중에는 혹은 의술(醫術)을 배우거나, 혹은 장사를 직업으로 삼거나, 혹은 점을 치거나, 혹은 장왜(將倭)의 집에서 다실(茶室)을 청소하기도 하는데, 이 무리들은 모두 처자가 있고 술도 마시고 고기도 먹으면서 시장 안에서 뒤섞여 산다. 혹은 생도(生徒)를 가르치거나, 혹은 범패(梵唄)를 부르거나, 혹 공자(孔子)를 송법(誦法)하거나, 혹은 산과 들에 방랑(放浪)하면서 화복(禍福)을 말해주거나, 탁발하거나 하는데, 이 무리들은 다 처자가 없고 고기도 먹지 아니하고 산림(山林) 속에서 따로 살고 있다. 왜국의 남자는 중이 된 자가 열에 네다섯인데 병무와 역사를 싫어하여, 몸을 보존하고 해(害)를 멀리하려는 자는 다 중이 되는 까닭이다.[4]

무기를 들고 싸우는 무사가 되는 것도 싫고, 혹독한 징세를 견디면서 농사에 힘쓰는 농민이 되는 것도 싫은 경우, 일본에는 두 가지의 회피법이 있다는 것이다. 하나는 머리를 깎고 승려의 모습을 하면서 의학이나 점성술을 배우거나 다도(茶道)를 습득하면서 살아가는 법, 또 하나는 교육과 학문에 힘쓰는 수도자(修道者)로서 살아가는 법이다. 강항은 "몸을 보존하고 해(害)를 멀리하려는 자는 다 중이 되는" 일본의 현실을 예리하게 관찰하고 있었다. 원중거 또한 세이카의 출가를 "몸을 보존하고 해를 멀리하려는" 행위로 인식하였기에 세이카가 전란이 끝날 징조가 보이자 환속하여 세상을 위한 학문을 시작한 것으로 본 것이다.

13.

하야시 라잔[林羅山]과 에도 막부의 학문

하야시 도슌[林道春]은 성이 후지와라[藤原]이고 이름이 기쿠마쓰마루[菊松丸]로 노부토키[信時]의 아들이다. 열네 살 때 「장한가(長恨歌)」와 「비파행(琵琶行)」의 초해(抄解)를 지었으며, 사고(四庫)의 서적을 두루 읽어 스물두 살 때에 읽은 책이 모두 440여 부(部)에 이르렀다.

세이카[惺窩]에게 수업을 받았는데, 학업을 마친 것은 세이카의 고제(高弟)인 송창산(宋昌山: 마쓰나가 세키고[松永尺五]를 말함)에게서였다. 일찍이 『춘추전(春秋傳)』을 읽는데, 세이카가 편지를 보내어 말했다.

"옛사람은 나부산(羅浮山)에서 『춘추(春秋)』를 읽었는데,[1] 나부산은 나부산에 있는 것이 아니라 그대의 밝은 창과 깨끗한 책상에 있네."

그리하여 도슌을 나부산인(羅浮山人)이라고 부르게 되었다.

동조신군(東照神君: 도쿠가와 이에야스)을 알현하자 신군이 물었다.

"난에는 품종이 많은데, 굴원이 좋아하였던 것은 무엇인가?"

그가 대답하였다.

"주문공(朱文公: 주희(朱熹)를 가리킴)의 주석에 의거하면 택란(澤蘭)입니다."

대답에 막힘이 없는 것이 모두 이와 같았다.

그가 이기(理氣)를 논한 것은 모두 돈오(頓悟)를 따랐는데, 일찍이 조선통신사 김세렴(金世濂)과 사단칠정(四端七情)에 대하여 논한 적이 있다.

네 명의 주군을 내리 섬겨 유신(儒臣)이 되었는데 모두 지우(知遇)를 입었으니, 막부에서 그를 위해 태학두(太學頭)의 직임을 두어 맡긴 것이다. 메이레키[明曆] 3년에 서거하니 향년 75세였다. 문인들이 사사로이 올린 시호는 문민선생(文敏先生)이었으며, 간다[神田]의 공자성당(孔子聖堂)에 제향되었다. 저서는 140여 부로, 문과 시가 60권에 이르며, 『라잔문집(羅山文集)』이라 이른다.

아들 히로시[恕]는 호가 가호[鵝峰]이며, 손자인 노부아쓰[信篤]는 호가 세이우[整宇. 다른 호 호코[鳳岡]로 더 알려짐]로, 태학두의 직임을 세습하였다. 노부아쓰의 아들은 노부미쓰[信充]이며, 노부미쓰의 아들은 노부요시[信愛]이다.

林道春, 姓藤原, 名菊松丸, 信時之子也. 十四歲, 作「長恨歌」「琵琶行」抄解, 遍讀四庫書, 二十二歲, 所經覽凡四百四十餘部.

受業於惺窩, 而卒業於惺窩之高弟宋昌山. 嘗讀『春秋傳』, 惺窩寄書曰: "古人讀『春秋』於羅浮, 羅浮不在羅浮, 而在足下明囱淨几之上." 因號道春, 爲羅浮山人.

謁東照神君, 神君問: "蘭多種品, 屈原所愛, 爲何?" 對曰: "據朱文公注, 則澤蘭也." 其所應對無礙, 皆如此.

其論理氣悉從頓悟, 嘗與朝鮮使者金世濂論辨四端七情.

歷事四主, 爲儒臣, 皆得恩遇. 蓋東武爲置太學頭之職, 以處焉. 明曆三年卒, 年七十五, 私諡文敏先生, 從享神田孔子聖堂. 著書百四十餘部, 文與詩六十卷, 號『羅山文集』.

子恕, 號鵝峯, 孫信篤, 號整宇, 世襲太學頭. 信篤子信充, 信充子信愛.

❀

후지와라 세이카에 이어 일본의 학문을 선도한 사람은 하야시 라잔[林羅山]이다. '태학두(大學頭)'란 에도 막부가 직접 운영하는 쇼헤이자카[昌平坂] 학문소(學問所)를 관리하는 직책을 말한다. 태학두의 직책은 대대로 하야시 일가가 맡았다. 하야시 라잔은 1636년에 조선 사절로 일본을 방문한 김세렴(金世濂)과 교류하여 그와 학문에 관한 필담을 나누었다.[2]

1763년 원중거가 일본에 다녀왔을 때는 하야시 노부유키[林信言]가 태학두를 맡고 있었다. 그런데 사절들은 노부유키에 대해 낮게 평가하였다. 정사(正使) 조엄(趙曮)의 사행록에는 다음과 같은 대목이 보인다.

제술관과 서기의 말을 들으니, 태학두 하야시 노부유키가 그의 아들 비서감(秘書監) 노부요시[信愛]와 같이 와서 만나 보고 필담(筆談)을 하였는데, 문필(文筆)은 볼 만한 게 없더라고 한다.

태학두라는 것은 글을 맡은 직위이건만 또한 모두 세습(世襲)하니, 어찌 그렇지 않겠는가? 노부유키의 고조(高祖)인 하야시 도슌[林道春]은 호가 라잔[羅山]이었으며 처음으로 태학두가 된 자인데, 을미년(1655)에 종사관 호곡(壺谷) 남용익(南龍翼)과 왕복한 서찰을 보니 자못 문리가 있었다. 그 후 대대로 이 임무를 맡으나 모두 도슌만 못하다고 한다.[3]

이처럼 조엄은 세습으로 태학두를 계승한 노부유키를 혹평하였고 하야시 일가 중에서 라잔을 넘는 인물은 없다고 보았다. 원중거도 『화국지』에서 다음과 같이 썼다.

외국과 주고받는 문자는 하야시 씨[林氏]가 주관하는데 지금 하야시 노부유키가 비록 태학두라고 칭해지지만 실제로는 고주샤[御儒者]의 무리로 불리며 그 지위는 낮다. 그 아들 노부요시[信愛]는 도서두[圖書頭]가 되었는데 또한 녹봉이 없다. 그런데 노부유키는 사실 글을 지을 줄 몰라 거느리는 서기 세 명이 대신 짓는다. 그러므로 나라 안의 문사들은 사실 쓸데가 없다. 그러나 각 주에서는 서기가 부족하여 때때로 태학두에게 와서 선비를 구하며 후한 예물로써 요청한다. 그러므로 여덟 개 주의 문사로서 발탁되고자 하는 자들은 모두 와서 의탁하며 문생(門生)을 자칭한다. 그중에는 걸출한 재주를 가진 자도 많아 노부유키보다 자신이 훨씬 낫다고 생각하나, 남을 아껴주거나 미워할 권한이 그에게 있으니 노부유키에게 의지하지 않고서는 달리 자신이 발탁될 길이 없으므로 앞에서 옹호하고 뒤에서 호위하며 감히 조금이라도 소홀히 하지 않는다.[4]

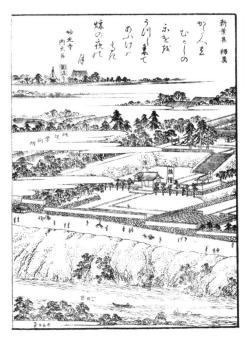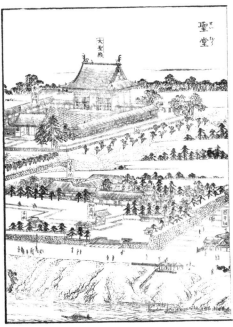

『강호명소도회(江戸名所図会)』
에도 막부가 직할하는 교육기관인 쇼헤이자카[昌平坂] 학문소(學問所). 유시마 성당[湯島聖堂]이라고도 부른다.

이를 통해 알 수 있듯 원중거는 태학두라는 직책이 막부 전체로 보면 매우 신분이 낮고 녹봉도 적은 역직(役職)임을 전하면서 하야시 노부유키도 제대로 글을 못 쓴다고 하였다. 그럼에도 불구하고 하야시 일가가 각 지방의 영주들에게 서기를 소개하는 권한을 갖고 있기 때문에 일본에서 문사로 살아가는 사람은 노부유키에게 고개를 숙일 수밖에 없다는 것이다. 원중거의 이 언급은 당시 막부에서 학문이 처해 있던 상황을 보여주는 자료로서 매우 중요하다고 할 수 있다.

14.
하야시 일가와
아라이 하쿠세키[新井白石]의 갈등

모쿠 데이칸[木貞榦]은 호가 쥰안[順菴]으로 박학하였고 시 짓기에 능하였다. 문인 규소[鳩巢]는 이학(理學)으로 이름이 났고, 겐요[源璵]는 호가 하쿠세키[白石]이며, 아메노모리 도[雨森東: 조선식 이름으로, 우삼동 (雨森東)이라 부르기도 함]는 호가 호슈[芳洲]이다.

데이칸은 나라의 풍속을 바꾸고자 하여 머리를 깎지 않았고 화장하지 않았으며 중화(中華)의 제도를 따랐는데, 그의 말은 행해지지 않았고 결국 추방되어 죽었다. 겐요는 재주가 있었으나 천박하였으며 스승의 설을 따르며 자기를 뽐내고 남을 무시하다가 결국 폐출(廢黜)을 당한 뒤 죽었다. 아메노모리 도 또한 자리를 잃고 울적해하다가 결국 쓰시마 주의 기실(記室)로 생을 마쳤다.

하야시 노부아쓰[林信篤]와 겐요는 문파(門派)를 나누어 서로 대립하였다. 노부아쓰는 온후하였고 사람을 아꼈으나 겐요는 강퍅하고 독선적이었기에 하야시 씨의 권한을 빼앗으려 하다가 실패하였다.

木貞幹, 號順菴, 博學能詩. 門人鳩巢, 以理學名, 源璵, 號白石, 雨森東, 號芳洲.
貞幹欲變國俗, 不剃髮, 不火葬, 從華制, 言不行, 而流放以死. 源璵, 有才膚淺, 遵師說, 而矜己傲物, 亦見廢以死. 雨森東, 亦失所悒悒, 終於馬州記室. 林信篤與源璵, 分門相角, 信篤, 溫厚愛人; 璵, 剛愎自用, 欲奪林氏之權, 由此而敗.

❀

'모쿠 데이칸[木貞幹]'은 기노시타 준안[木下順菴]을 가리킨다. 그는 일본에서 명성이 높은 인물로, 막부의 유관(儒官)으로서 1682년에 통신사가 일본에 갔을 때 사절들과 화목하게 교유하였다. 그 문하에서 유명한 제자들이 배출되었는데, 여기서도 소개되어 있듯이 무로 규소[室鳩巢], 아라이 하쿠세키[新井白石], 아메노모리 호슈[雨森芳洲] 등은 모두 기노시타 준안의 제자이다. 이들은 모두 사절들과 교유하였는데, 특히 아라이 하쿠세키의 이름은 사행록에 자주 나오며, 아라이 하쿠세키의 시집인 『백석시초(白石詩草)』는 조선에서도 읽혔다.

1719년에 제술관에 선발된 신유한은 일본으로 떠나기 전에 최창대(崔昌大)로부터 『백석시초』를 받았다. 최창대는 신유한에게 하쿠세키의

시집을 보여주면서 다음과 같이 말하였다고 한다.[1]

> 이것은 신묘년에 갔던 사신이 얻어온 일동(日東: 일본)의 겐요라는 사
> 람의 작품집인데, 말이 저속하고 연약한 것이 많으나 다소 성향(聲響)
> 이 있으니, 군이 지금 이 사람과 상대한다면 솜씨를 조금만 발휘해
> 도 대적할 수 있을 것이네. 그러나 내 생각으로는 일동이 땅이 넓고
> 그 산수가 맑고 곱다 하니, 반드시 재주가 높고 시야가 넓은 사람이
> 있을 것이네.[2]

하쿠세키의 문장을 그리 높게 평가한 것은 아니나, 그럼에도 '다소
성향이 있다'는 말로써 일정한 수준을 인정하였다는 점이 눈에 띄며, 이
후에 장차 만나게 될 일본 문사 중에 "재주가 높고 시야가 넓은 사람"
이 있으리라는 기대감을 표출한 점이 주목된다. 이는 하쿠세키의 시문
이 갖춘 일정한 수준으로부터 발생한 기대감으로 해석할 수도 있을 것
이다. 실제로 신유한도 일본에 다녀온 뒤 그곳의 문인 중에 뛰어난 이
들이 있음을 기술하면서 하쿠세키의 문장에 대해서도 언급하였다.

> 겐요는 재주가 있어 고문(古文)을 잘 알고 시에 자못 성향(聲響)이 있
> 으니, 그의 저술인 『백석집(白石集)』이 세상에 전해진다. 그의 스승 기
> 노시타 준안이 또한 박식(博識)하고 글 잘 짓기로 이름이 났으며, 한
> 시대의 문학을 좋아하는 무리들이 차차 세상에 진출하여 등용되었
> 는데, 그 문장에 왕왕 칭송받을 만한 것이 있었다. 지금껏 경향(京鄕)

의 어리 사람이 서림(書林)과 예원(藝苑)에 힘을 쏟는다고 하니, 훌륭
하다 할 만하다.[3]

하쿠세키의 문장에 대해 칭찬하며 최창대의 아라이 하쿠세키에 대한
평가가 반영되어 있다는 점이 눈에 띈다. 곧 "시에 자못 성향이 있다"라
고 말한 내용이 그것이다. 기노시타 준안의 제자들 중 하쿠세키를 포함
하여 우수한 문인들이 배출되면서 일본에서 문학이 융성하게 되었다는
사실은 신유한이 일본에 다녀왔을 때에 이미 조선 사절에게 알려져 있
었던 것이다.

그런데 이와는 대조적으로 원중거는 하쿠세키를 매우 부정적으로 인
식하였고, 이 인식이 하쿠세키에 대한 이덕무의 기술에도 반영되어 있
다. 이덕무는 하쿠세키에 대해 "재주가 있었으나 천박하였으며 스승의
설을 따르며 자기를 뽐내고 남을 무시"하였다고 하고서 그가 하야시 노
부아쓰[林信篤]와 "문파(門派)를 나누어 서로 대립"하였다고 서술하였는
데, 이 내용은 모두 원중거의『화국지』에서 가져온 것이다.

도쿠가와 막부의 문서나 자제교육을 맡은 태학두(太學頭)는 대대로
하야시가 일족이 세습하였다. 그런데 도쿠가와 이에노부[德川家宣]가
쇼군이 되면서 상황이 달라졌다. 이에노부는 자신의 가정교사였던 하
쿠세키를 측근에 기용하며 하야시 일가의 문인들을 해고하였다. 막부
정치에 큰 영향력을 가지게 된 하쿠세키는 기노시타 문하 출신의 동료
들을 발탁하였다. 그에 따라 하쿠세키와 하야시 일문의 갈등은 더욱 심
해졌다. 그런데 즉위한 지 3년째에 이에노부가 죽고 뒤를 이은 이에쓰

구[家繼]도 얼마 안 되어서 병사한 뒤, 도쿠가와 요시무네가 쇼군의 지위에 오르자 하야시 일가가 다시 태학두를 맡게 되었다.[4]

하쿠세키와 하야시가의 갈등에 대해 원중거는 다음과 같이 말하였다.

> 겐요는 스승의 말을 따랐으나 성격이 자기를 뽐내고 남을 무시하였다. 총애를 믿고 교만 방자하였으므로 사람들에게 미움을 받아 또한 폐출(廢黜)을 당하고 죽었다. 겐요가 쫓겨난 뒤 아메노모리 도[雨森東: 호슈를 말함] 또한 자리를 잃고 울적해하다가 쓰시마의 부름에 응하여 기실(記室)이 되고 쓰시마에서 생애를 마쳤다.
>
> (…)
>
> 하야시 노부아쓰[林信篤]와 겐요는 문파(門派)를 나누어 서로 대립하였는데 노부아쓰는 온후하였고 사람을 아꼈으나 겐요는 강팍하고 독선적이었다. 겐요는 하야시 씨의 권한을 빼앗으려 하여 스스로 문사를 주관하고 변화시켜 어지럽히는 바가 많았는데, 마침내 이 때문에 실패하였다. 신묘년에 답서의 서식을 고친 일과 우리나라가 저들과 통하는 문자에서 강(康)·광(光)·강(綱) 등의 글자를 피하도록 한 것이 이것이다. 대저 모쿠 데이칸[木貞幹: 기노시타 준안을 말함]의 무리는 재주를 믿고 덕이 적다. 학문으로 말한다면 하야시 노부아쓰와 모쿠 데이칸 모두 미숙하다. 다만 하야시 노부아쓰는 중후하고 삼가서 그 때문에 능히 후손에게 지위를 길이 물려줄 수 있었다.[5]

하쿠세키를 비롯해 기노시타 준안 문인들에 대한 원중거의 평가는 매우 부정적이다. "노부아쓰는 온후하였고 사람을 아꼈으나 겐요는 강팍하고 독선적이었으며 하야시 씨의 권한을 빼앗으려 하다가 이로 인해 실패하였다"라는 이덕무의 기술은 『화국지』를 참조한 것이다.

15.

오규 소라이[荻生徂徠]와 고문사학

모노노베 나베마쓰[物部雙柏]는 자가 모케이[茂卿]이고 호가 소라이
[徂徠]이며 또 겐엔[蘐園]이라는 호도 있었다. 무쓰 주[陸奧州] 사람이다.
사방으로 유학하였는데 시문(詩文)은 이창명(李滄溟: 이반룡)과 왕엄주
(王弇州: 왕세정)를 좇아서 체격(體格)이 기이하고 굳세게 되었고, 학문은
자기에게 돌이키는 방도를 터득하였으나 자못 정자(程子)와 주자(朱子)
를 비방하였다. 『논어징』을 저술하였고, 시문집 100여 권이 있다.

나베마쓰는 특출나고 비상한 재주를 지녀 에도 막부에서 누대의 특
별한 예우를 받았으며, 엄연히 야시마[八州: 일본을 가리킴]의 문장가의
종사(宗師)가 되었으니, 이 또한 해외의 걸출한 선비이다. 일찍이 중국
음을 가지고 먼저 운서(韻書)를 그 무리에게 가르치고, 그 뒤에 다른 책
을 가르쳤다. 에도의 오카이 고센[岡井孝先: 오카이 겐슈[岡井嶰州]], 서

경(西京: 교토)의 하리마 세이슌[播磨淸絢], 오사카의 나가토미 호[永富鳳: 나가토미 도쿠쇼안[永富獨嘯庵]], 나가토 주의 다키 조가이[瀧長凱] 등은 모두 그 문하의 저명한 자들이다. 나베마쓰가 죽은 것은 지금으로부터 수십 년 전인데, 온 나라 사람들이 그를 애도하러 물결처럼 몰려왔고, 그를 해동부자(海東夫子)로 칭하였다. 그의 문하에 다자이 준[太宰純]이라는 사람이 있는데 호는 슌다이[春臺]로 문장이 나베마쓰에 버금갔다.

物部雙栢, 字茂卿, 號徂徠, 又號蘐園, 陸奧州人. 遊學四方, 詩文, 從李滄溟·王弇州, 入體格奇健, 其爲學, 則得反己之方, 而頗詆程朱. 著『論語徵』, 有詩文集百餘卷.

蓋雙栢, 以奇偉特拔之才, 受東武累世之殊禮, 儼然爲八州操觚者之宗師, 亦海外之傑士也. 嘗以華音, 先授韻書於其徒, 然後授以他書, 江戶之岡孝先·西京之播磨淸絢·大坂之永富鳳·長門州之瀧長凱, 皆其徒之著名者也. 雙栢之死, 據今數十年, 一國之人波奔瀾赴, 稱爲海東夫子. 其徒有太宰純者, 號春臺, 文章亞於雙栢.

❋

이 글은 『화국지』 권2의 「학문지인(學問之人)」과 「이단지설(異端之說)」에서 가져온 것이다. '모노노베 나베마쓰[物部雙栢]'는 곧 오규 소라이이다. 이창명(李滄溟)·왕감주(王弇州)는 각각 이반룡(李攀龍)과 왕세정(王

世貞)을 가리키는데, 이들은 명나라 고문사학파의 문인들이다. 오규 소라이는 중국에서 수입한 책을 통해 이반룡과 왕세정을 알게 되면서부터 고문사학에 심취하였다. 원중거는 소라이가 얼마나 고문사학에 경도되었는지를 다음과 같이 기록하였다.

> 그는 호걸의 재주를 지녔으며 기이하고 편벽된 의론을 좋아하였다. 그런데 나가사키[長崎]에 배가 통하게 된 뒤에 황명(皇明)의 이우린(李于鱗: 이반룡을 말함)과 왕세정의 글을 얻고서는 이를 좋아하여 마침내 스스로 이름을 붙이기를 '왕이지학(王李之學)'이라고 하였고 이우린과 왕세정을 참된 선비로 여겼으며 정주(程朱)를 비방하였는데, 거칠고 흉폭하고 사리에 어그러져 못 하는 짓이 없었다. 지은 책이 많아 130여 권에 이르는데 한 마디 한 마디가 모두 정주(程朱)를 비방하는 말이었다. 스스로 생각하기를, 다행히 이우린과 왕세정의 책을 얻어 취생몽사(醉生夢死)의 지경을 면하게 되었다고 여겼다. 혹은 한바탕 헛되이 사는 것을 면하게 되었다고 말했다고도 한다.[1]

이처럼 원중거는 소라이의 학문이 고문사학에서 출발하였음을 알고 있었으며, 소라이가 주자학을 비판하는 입장에 있었다는 것도 잘 알고 있었다. 이 때문에 원중거는 '이단(異端)'의 학설을 주장하는 자로 소라이를 규정하였다.

그런데 학문적 이단성의 문제와는 별개로, 소라이의 문재(文才)는 조선의 사절들에게 인정받고 있었음을 주지할 필요가 있다. 곧 소라이는

'특출나고 비상한 재주'를 가진 '해외의 걸출한 선비'로 인식되고 있었던 것이다. 특히 원중거는 소라이가 중국어로 경서를 읽을 것을 제창한 것을 매우 긍정적으로 인식하였다. 『화국지』 「이단지설(異端之說)」에는 다음과 같은 구절이 있다.

> 그는 다만 문장에 있어서는 서사체(敍事體)를 터득하였고, 학문에 있어서는 자신에 돌이키는 방책을 얻었다. 또한 중국음으로 그 무리에게 운서를 가르쳤는데, 중국음이 통한 후에야 다른 책을 가르쳐 드디어 옹알이하는 듯한 음을 변화시켰으니 고서(古書)를 송독하기가 열 배나 간편해졌다. 그가 후생에게 끼친 공이 또한 크다.[2]

한문으로 된 중국 고전을 일본의 문법과 발음에 맞춰서 일본식으로 읽는 대신 중국 사람이 중국 고전을 읽는 방식대로 읽게 하였다는 것이다. 원중거는 중국 고전을 배우기 전에 우선 중국어부터 가르쳤던 소라이의 교육방식을 칭찬하였다.[3]

또 주목할 점은 원중거가 정치에 관여하는 소라이의 자세를 좋게 평가하였던 점이다. 오규 소라이는 제5대 쇼군인 도쿠가와 쓰나요시[德川綱吉]에게 출사하였다. 이에 대해 원중거는 다음과 같이 썼다.

> 부쓰 모케이[物茂卿: 소라이를 말함]가 문학으로 쓰나요시에게 나아갔는데 쓰나요시는 자주 그를 인견(引見)하였고 물품도 많이 하사하였다. 그러나 모케이는 기려지신(羈旅之臣: 타향에서 벼슬하는 신하를 말함)인 데

다 신진(新進)이었으며 성품 또한 삼가고 조심스러웠기에 권력을 휘두르지 않았다.[4]

원중거는 일본의 문인에 대해 서술할 때 그가 정치에 어떻게 관여했는지를 주시하였는데, 도쿠가와 이에노부의 측근으로 큰 권력을 장악한 아라이 하쿠세키에 대해서는 혹독하게 비판한 반면, 권력과 일정한 거리를 유지한 소라이를 긍정적으로 인식하였다.

16.

일본의 신도(神道)와 불교

왜황의 탄생은 이미 신이 나라에 내려온 것이라 되어 있기에 자기 나라를 신국(神國)으로 칭하고 왜황을 신으로 여겼다. 무슨 일만 있어도 곧잘 이르기를 신이 도왔다거나 신이 화를 내렸다고 하는데, 사람들이 이미 이를 독실하게 믿어 귀신들이 제멋대로 재앙을 일으킬 수 있었다. 이세신궁[伊勢神宮]이 세워진 뒤 나라의 풍속이 변화하였다. 모시는 신들 중 첫 번째는 성녀지신(聖女之神)이라 하니 곧 도요스키이리히메[豊鍬入姬]와 야마토히메[倭姬] 두 신이고, 두 번째는 성모지신(聖母之神)이라 하니 곧 진구황후[神功皇后]이다. 그 외에도 가스가[春日], 스미요시[住吉] 등 갖가지 명색이 있어 모두 기록할 수 없다. 그러므로 세 집만 있는 마을이라도 한 집은 꼭 신궁이고 한 집은 꼭 절이다. 부처를 섬기는 것도 불법을 좋아하는 것이 아니라, 묘진[明神][1]이라 하여 신도(神道)

로서 섬기는 것이다.

사람과 신이 섞여 살아 기상(氣像)이 그윽하고 어두우니, 일이 있으면 신에게 수계(受戒)를 하고, 일을 마치면 신에게 완성을 알리며, 일이 실패하면 신이 노하셨다고 하므로 감히 사람을 탓하는 뜻을 갖지 못하고, 또 아무도 분수를 넘거나 법을 범하려는 뜻을 갖지 못한다. 여항의 남녀들은 밥을 한 번 배부르게 먹거나 걷다가 한 번 넘어지기만 해도 모두 신께서 화복(禍福)을 내린 것이라 여긴다. 그들의 풍속은 죽는 일을 숭상하여, 사람의 어질고 어리석음과 귀천에 관계없이 죽어도 될 자리에서 한 번 죽으면 곧 사당을 세워서 제사를 지내준다. 심지어 재능과 기예가 있어서 살아 명성이 있던 사람의 경우에도 죽으면 반드시 사당을 세워준다.

왜황이 수천 년의 오랜 세월 동안 거짓 칭호를 지킬 수 있었던 것은 신도(神道)를 끼고 다스렸기 때문일 뿐이다. 부모의 기일에는 재계(齋戒)하거나 소식(素食)하지 않기도 하나 신인(神人)의 기일에는 절대로 생선이나 육류를 먹지 않는다. 예순여섯 개 주의 크고 작은 신기(神祇)의 총수는 3,132좌(座)로 헤아려지며, 사(社)의 수는 2,861곳, 신궁(神宮)의 수는 27,613곳, 불우(佛宇)의 수는 2,958곳으로 헤아려진다. 왜경(倭京: 교토를 말함)에는 사찰이 404곳이 있는데 이름난 승려가 이적(異蹟)을 행한 자취가 많아 승도(僧徒)들이 그곳을 대대로 돌본다. 승려 중에는 품계가 높고 봉록을 후하게 받는 이가 많아 집정(執政)이나 태수(太守)와도 대등한 예를 행한다.

倭皇之生, 旣因神降國中, 自稱神國, 以倭皇爲神主, 凡有一事, 輒謂
之神祐神禍, 人旣篤信, 而鬼得以肆其妖孼, 伊勢神宮出, 而國俗化之.
其一曰聖女之神, 卽豊鋤入姬, 倭姬兩神也. 二曰聖母之神, 卽神功后
也. 其他春日, 住吉等, 種種名色, 不可彈記. 故雖三家之村, 其一必神
宮; 其一必僧舍也. 其事佛者, 非悅其法也, 以爲明神而以神道奉之.
人神雜糅, 氣像幽陰, 有事則受戒於神; 事訖則告成於神; 事敗則謂之
神怒, 不敢有尤人之意, 亦莫有犯分干紀之志. 閭巷男女, 飯一飽, 步
一蹶, 皆指謂神降禍福. 其俗尚死事, 勿論人之賢愚貴賤, 能辨一死於
可死之地, 則立祠而祀之. 至若才能技藝, 生有令名, 則死必立祠.
倭皇之保僞號於數千年之久者, 不過挾神道而已. 父母忌日或不齊素,
而神人之忌切禁魚肉. 六十六州, 大小神祇總數三千一百三十二座, 社
數二千八百六十一處, 神宮二萬七千六百十三, 佛宇二千九百五十八.
倭京, 四百四刹, 多名僧異迹, 其徒世修之, 多崇秩厚祿, 與執政太守
抗禮.

❖

　이 글은 그 내용의 대부분을 『화국지』 권2 「신사(神祠)」에서 가져온 것
이다. 일본의 종교생활에 대한 글로, 조선과는 전혀 다른 일본 특유의
관습이 자세히 묘사되어 있다. 세상에서 일어나는 길흉화복을 모두 신
의 의지로 보는 일본인의 종교의식이나 신사와 사찰이 곳곳에 있는 모
습이 조선 사대부에게는 매우 신기하게 비쳤으리라 생각된다.

일본에는 이름난 승려, 즉 '명승(名僧)'들이 많고, 승려 중에서 상당히 큰 부를 누리는 사람이 있다는 기록이 있는데, 승려가 큰 사회적 영향력을 가지는 일본의 상황은 사절들에게는 매우 낯선 광경이었다. 이를테면 1748년에 일본에 다녀온 조명채(曹命采)는 다음과 같이 기록하였다.

> 승려는 온 나라의 경대(敬待)를 받는다. 천한 보통 왜인이라도 한 번 불가(佛家)에 귀의하면 왜인이 말하는 양반이 된 것으로 통하고, 그역시 자처함이 매우 높다. 그리하여 무릇 역로에서 본 바로도 이들이 가장 거만하였다. 때로는 길 가운데로 가로질러 가도 가마 앞의 금도(禁徒)가 감히 길을 비키라고 소리 지르지 못한다. 항상 부녀들 사이에 섞여 앉아 속세의 왜인과 다름이 없으며, 여자를 데리고 사찰에서 사는 자도 있다고 한다.[2]

사절들은 주색을 멀리하지 않는 일본 승려들을 부정적으로 묘사하였다. 『승사록』에는 일본의 승려를 부정적으로 본 원중거의 태도가 잘 드러난 일화가 기록되어 있다.

> 처음 오사카에 들어왔을 때 주규(周規) 등 세 승려가 들어와 밤이 깊도록 이야기를 나누었다. 내가 우리말로 두 벗에게 우스갯소리를 하기를, "괴이한 중들이 어찌 가지 않는 건가? 나는 자겠네"라고 하고 바로 베개를 베고 누웠다. 그러자 주규가 곧 종이를 옮겨와 나를 향해 웃으며 글을 쓰기를, "듣자니 귀국의 승려들은 유가(儒家)에게 모

욕을 많이 받는다고 하더군요. 우리나라에서는 그렇지 않습니다. 공(公)께서는 어찌 납배(納輩: 불교도를 말함)를 싫어하고 박대하십니까?"라고 하였다. 이에 내가 웃으면서 "귀국은 불교를 중히 여기지만 승려들 중에 털 빠진 나귀나 다름없는 이가 많고, 우리나라는 불교를 배척하지만 승려들 중에 보물과 같은 이가 많습니다"라고 썼더니 주규가 곧 웃음을 거두고는 "앞에 말한 것은 우스갯소리였습니다. 감히 묻자오니 귀국의 현재 종승(宗僧)은 누구입니까?"라고 하였다.[3]

"들자니 귀국의 승려들은 유가(儒家)에게 모욕을 많이 받는다고 하더군요. 우리나라에서는 그렇지 않습니다"라는 말에서 알 수 있듯이 일본에서는 유학자와 불교도의 지위가 조선과는 달랐다. 일본의 불교도 입장에서는 자신들 앞에서 베개를 베고 눕는 원중거의 모습은 다소 무례한 행위로 보였을 것이다.

다만 이처럼 원중거가 솔직하게 일본의 불교도에 대한 비판적인 의견을 토로했음에도 조선 사절과 일본 불교도들의 교류가 험악해진 것은 아니었다. 사절들이 오사카에 머물렀을 때 교토에 돌아가야 할 주규가 이별의 인사를 하러 왔다. 그때의 모습을 원중거는 "주규가 헤이안[平安: 교토를 말함]으로 돌아가고자 하여 간신히 쓰시마 사람들에게 허락을 받고 들어왔다. 악수를 하고 눈물을 흘리니, 눈물이 떨어져 옷깃을 적시었다"[4]라고 썼다. 여기서 주규가 쓰시마 인들에게 어렵게 허락을 받고 나서야 원중거를 보러 숙소로 들어올 수 있었던 데에는 사정이 있었다. 1763년에서 1764년에 걸쳐 일본에 다녀온 계미통신사 사행의

일원인 최천종(崔天宗)이 오사카에서 살해된 사건이 일어났다. 범인은
얼마 안 되어 붙잡혀 처형되었는데, 이 사건 때문에 사절들을 수행하던
쓰시마의 관리들은 조선 사절들의 숙소에 들어가려는 일본 문사들의
출입을 엄격히 단속하였다. 주규는 쓰시마의 관리들에게 어렵게 부탁
을 하여 숙소에 찾아와 이별 인사를 한 것이다.

『강호명소도회』
명절에 신사를 방문하는 사람들.

17.
천황의 도읍지 교토[京都]

　왜경은 나라 한복판에 있으며 야마시로 주[山城州]와 땅이 이어져 있는데 일명 헤이안 성[平安城]이라고도 하고 또 화경(和京)이라고도 한다. 이를 서경(西京)이라 부르는 것은 에도를 동경(東京)이라 부르는 것에 짝을 맞춘 것이다. 또 낙양이라고도 부르는데, 나라 사람들이 왜경을 동주(東周)처럼 여기기 때문이다. 왜경의 동쪽으로는 비와 호[琵琶湖]가 있고 서쪽으로는 내해(內海)가 있으며, 동쪽에 히에이 산[比叡山]이, 서쪽에 아타고 산[愛宕山]이 있다.

　왜황이 비록 권력은 줄었으나 식읍에는 손실이 없으며 백관(百官)과 창름(倉廩: 곡식을 저장하는 창고)이 모두 헤이안에 있기에 그곳 풍속은 안락하고 한가롭다. 히데요시는 오사카에서 일어나 전국을 통합하였지만 왜황이 자신에게 죄를 물을까 두려워 이후 후시미 성을 왜경 남쪽에 쌓아 거주하였다. 그 후 이에야스는 다시 왜황을 구속하지 않고 다만 문무를 겸비한 대신(大臣) 한 명을 그곳에 남겼다. 그를 이름하기를 서경윤(西京尹)이라고도 하고 서관백(西關白)이라고도 하여 병사를 이끌고 수자리하게 하였으며, 나라 사람들은 이를 수락지병(戌洛之兵: 낙양에서 수자리하는 군대)이라 불렀다. 뒤에 수자리하는 일은 폐지되었지만 서경윤은 여전히 왜황의 정사를 맡아보았다.

관위(官位)와 봉록(俸祿)이 없는 자들은 쌓은 재물을 오사카에 꾸어주거나 오사카에서 거둬들여 큰 부를 축적했다. 헤이안 사람들은 모두 오사카에 별장을 가지고 있으니, 서로 지리상 밀접한 까닭이다. 그런데 헤이안 사람들은 명예와 절개를 숭상하고 독서를 좋아하여 늘 에도의 무인들을 배척하였으며, 에도에 관한 일을 말하는 데에도 심히 꺼리는 바가 없었다.

倭京居一國之中, 地屬山城州, 一名平安城, 一名和京. 其稱西京者, 對江戶之爲東京也. 又稱洛陽, 國人尙以東周處倭京焉. 左琵湖, 右內海, 東叡山, 西愛宕山.
倭皇雖其權柄下移, 然食邑則無失, 百官·倉廩俱在於平安, 故其俗安居逸樂. 秀吉起於大坂, 統合諸州, 而尙畏倭皇之議, 後築伏見城於倭京之南, 而自居之. 其後, 家康不復拘束倭皇, 只留文武兼備一大臣, 號曰西京尹, 亦曰西關白, 率兵戌之, 國人號爲戌洛之兵. 後雖撤罷, 而西京尹主倭皇之政.
無官祿者, 積貨斂散於大坂, 以致殷富. 平安人皆置別業於大坂, 相爲表裏. 然平安人, 尙名節, 好讀書, 常斥江戸爲武人, 其言江戸事, 亦不甚畏忌.

❋

이는 『화국지』 권1의 「풍속」을 요약한 것이다. 『청령국지』에는 「여지(輿地)」라는 항목에 일본의 지리·지형·물산 등이 정리되어 있다. 그중에서 특히 교토[京都]·에도[江戸]·오사카[大坂]에 대한 기록이 자세하다. '왜경(倭京)', '헤이안 성[平安城]', '화경(和京)', '서경(西京)', '낙양(洛陽)' 등 여러 이칭(異稱)으로 불렸던 당시 교토는 예부터 문화의 중심지로 번영하였으며, 천황의 궁궐 또한 이곳에 있었다. 이러한 문화적 자존심에 말미암아 교토 사람들은 무가 정권의 중심지인 에도를 낮추어 보았다고 생각된다. 사절들도 교토를 일본의 중심지로서 천황이 살 만한 도시로 인식하였다. 성대중의 사행록에는 다음과 같이 쓰여 있다.

> 뒤에는 아타고 산이 도시를 좌우로 감싸고 있어 남면(南面)하여 다스릴 만했는데, 산세가 밝고 수려해서 열 겹의 비단 휘장을 두른 듯하였다. 비와 호가 앞에까지 들어오고 나니와 강이 뒤에 둘러 있어 참으로 일본의 큰 도읍이라고 할 수 있으니, 수천 년 동안 도읍이 된 것이 마땅하다. 왜황(倭皇)은 그 북쪽에 거처하였는데 성궐이 장려(壯麗)하였다.[1]

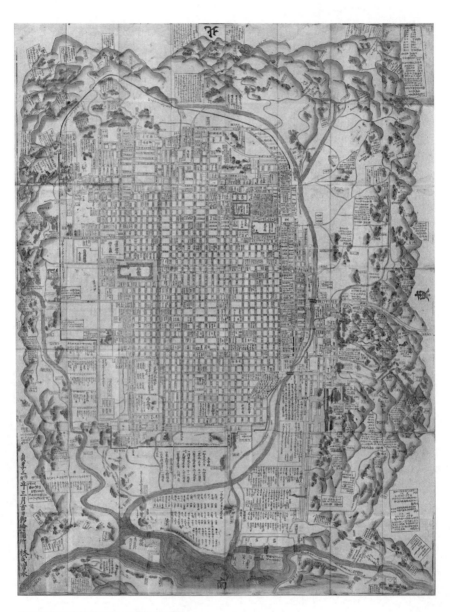

『원록9년경도대회도(元禄九年京都大絵図)』
사절들은 정연한 교토의 도로에 큰 인상을 받았다.

지리적으로 좋은 여건에 처해 있어 천황이 사는 도읍지가 되기에 적절했다는 것이다. 성대중은 "에도와 오사카가 모두 치우쳐 있고 규모가 작은데 서경(西京)의 형세는 여러모로 원만하니, 요컨대 제왕의 거처라 할 만하다"[2]라고 하여 일국의 군주의 도읍지로서는 에도나 오사카보다 교토가 제일 좋다고 보고 있었다.

또 교토는 예부터 도로가 정연하게 정비되어 있었다. 반듯한 길이 동서남북으로 교차하여 나 있던 교토의 모습에 대한 묘사가 여러 사행록에서 발견된다. 강홍중은 "거리가 반듯하여 모두 정(井) 자와 같았다. 바로 난 거리는 정(町)이라 하고, 가로 난 거리는 통(通)이라 한다. 정(町)과 통(通)이 서로 교차(交錯)하여 얼마나 있는지 알 수 없었다"[3]라고 묘사하였다. 이경직은 "큰길은 동남간에서 서북간으로 뚫렸고, 작은 거리는 동쪽에서 서쪽으로 뻗쳤는데, 가로로 난 거리와 세로로 난 골목이 사통오달(四通五達)하였다"[4]라고 하여 수많은 길이 교차하는 모습에 대해 서술하고서, "거리가 정(井) 자 모양 같아 툭 트여있고 반듯반듯하며, 곳곳마다 상점이 있었다"[5]라고 하며 그 번화함에 대해 묘사하였다. 당나라 장안을 모델로 삼아 세워진 계획도시 교토는 곳곳에 길이 바둑판의 눈금 모양으로 질서 정연히 나 있었다. 이렇게 '井' 자로 구획된 도시의 구조가 사절들의 눈에 신기하게 비쳤던 것이다.

이덕무의 이 글에서 중요한 점은 히데요시와 이에야스가 교토에 살고 있는 천황을 어떻게 대하였는지를 상술한 점이다. 이 글의 원출처가 되는 『화국지』의 기술을 인용하면 다음과 같다.

히데요시는 오사카에서 일어나 전국을 통합하였지만 천황이 자신에게 죄를 물을까 두려워 이후 후시미 성을 왜경(倭京) 남쪽에 쌓아 거주하며 천황을 억압하였다.

이에야스는 해마다 천황을 조근(朝覲)하였고 천황을 다시 구속하지 않았으며, 천황 또한 그의 죄를 묻지 않았다. 천황이 다스리는 조정의 일은 다만 문무를 겸비한 대신(大臣) 한 명을 남겨두어 맡아보게 하였으니 이름하기를 서경윤(西京尹)이라고도 하고 서관백(西關白)이라고도 하였으며 병사를 이끌고 수자리하게 하였다. 나라 사람들은 이를 수락지병(戍洛之兵)이라 불렀다. 뒤에 수자리하는 일은 차차 폐지되었으나 서경윤은 여전히 각 주의 태수 중에서 친밀하고 믿을 만하며 재능이 있는 자를 뽑아서 맡게 하였으니, 이를 이름하여 경도어소사대(京都御所司代)라고 하였다.[6]

'경도어소사대(京都御所司代)'는 교토의 천황을 감시할 목적을 띤 직책으로, 에도 막부에서 적임자를 파견하였다. 원중거는 이 경도어소사대가 상당히 중요한 역직이라는 것을 알고 있었다. 그는 『화국지』 권2 「무주내관직(武州內官職)」에서 일본의 관직제도에 대해 자세하게 기술하였는데, 교토를 지키는 '경도어소사대'와 오사카를 지키는 '대판성대(大坂城代)'를 두고 "교토와 오사카에는 예부터 모두 중무장한 군대를 머물게 한다. 그 이유는 천황을 겁박하여 제압하고자 하는 것이다"[7]라고 하였다. 이처럼 원중거는 일본의 위정자와 천황 사이에는 겉으로 드러나지 않는 긴장관계가 있으며, 그것이 도쿠가와 막부의 관직제도에 반영되어 있다는 사실을 예리하게 감지하고 있었다. 이덕무의 서술은 이러한 원중거의 인식에 비롯된 것이다.

18.
요새 도시 에도[江戶]

에도는 본디 가마쿠라[鎌倉]라 불렸는데 지금은 동도(東都)라고도 하고 또 동무(東武)라고도 부른다. 이곳을 무창(武昌)이라고 부르는 것은 무사시 주[武藏州]에 속해 있기 때문이며, 이곳을 관중(關中)이라 부르는 것은 하코네 관[箱根關]의 동쪽에 있기 때문이다. 무사시를 비롯한 열한 개 주는 모두 하코네 관 동쪽에 있는데, 과거에는 길이 험하여 왜경과 연결되어 있지 않았으나 원대(元代)와 명대(明代)에 이르러 처음으로 하코네 관이 열려 동서가 통하게 되었다.

비옥한 들이 천 리 펼쳐져 있으며 은과 철과 구리와 주석으로 화폐를 주조하는 일이 그치지 않는다. 관중 사람들은 모두 용감하고 사납고 씩씩하고 체구가 큰 데다, 땅의 삼면이 바다로 둘러싸여 있고 하코네 관은 천혜의 요새라서, 관문을 열고 호시탐탐 주위를 노려보면 온 나라가 두려움에 떤다.

경치가 좋은 곳은 많지만 문물은 부족하다. 산세는 구불구불 이어져 바다로 들고, 짠물이 들어 경작하지 못하는 땅이 사방 백 리이다. 에도 주변은 해자로 둘러싸여 있어 성읍이 그 가운데 처해 있는데, 해자는 둘레가 오십 리 남짓이며 그 바깥은 모두 어촌이다. 해자 안쪽에는 돌이 한 장 남짓 쌓여 있는데, 그 위에 다시 흙으로 된 언덕을 만들었으니 그 높이 또한 한 장 남짓이며, 거기에 목책을 세워놓았다. 목책 안쪽은 모두 정호(町戸)인데, 서른 가구를 한 정(町)으로 세서 모두 1,000여 정(町)이 되며, 시정(市町)과 해자 바깥의 인가를 합하여 헤아리면 18만 호가 된다. 정호 안쪽은 물을 대서 물길을 만들어 놓아 배가 다닐 수 있다.

江戸, 本鎌倉也, 今稱東都, 亦曰東武. 曰武昌者, 蒙武藏州也; 稱關中者, 以其在箱根關之東也. 武藏等十一州, 皆在其東, 其初路險, 不與倭京接, 至元明時, 始闢箱根, 而東西相通.

蓋沃野千里, 銀鐵銅錫鼓鑄不已. 關中之人, 又皆勇驚壯大, 而地負三海, 箱根天險, 開關虎視, 一國震懾.

形勝有餘, 文物不足, 山勢蜿蜒入海, 而斥鹵之原方百里. 環之以濠, 城邑中處, 濠周五十餘里, 其外皆漁戸. 濠內石築丈餘, 因之爲土阜, 阜高又丈餘, 竪木爲柵. 柵之內皆町戸, 三十家爲一町, 總千餘町, 并市町及濠外人家, 合爲十八萬戸. 町戸之內, 引水爲溝, 可以通舟.

이 글 또한 『화국지』 권1의 「풍속」에서 가져온 것이다. 에도 역시 '동도(東都)'·'동무(東武)'·'무창(武昌)'·'관중(關中)' 등의 이칭(異稱)이 있었다. 이 중에서 중요한 것은 '관중'이라는 명칭이다. 이는 '하코네 관[箱根關]'의 안에 위치한다는 뜻이다.[1] '하코네'는 지금의 가나가와[神奈川] 현의 서쪽에 위치하며, 여기에 큰 '세키쇼[關所]'가 있었다. 세키쇼란 검문소에 상당한 곳으로, 예부터 전쟁이 반복된 일본에서는 무기의 유통이나 도망자를 막기 위해서 곳곳에 세키쇼가 세워졌다. 주로 험한 산중에 만들어진 세키쇼에 도착한 통행자는 미리 발행받은 통행허가증을 제시하고 소지품 검사를 받아야 했다. 만약 세키쇼를 피하거나 허가증을 소지하지 않은 경우 극형을 받았다. 하코네 세키쇼는 에도를 지키는 검문소 역할을 한 곳으로, 조선 사절들은 오사카, 교토를 지나 에도로 들어갈 때는 항상 하코네 세키쇼를 지나가야 했다. 원중거는 일본의 세키쇼에 큰 관심을 보였고, 『화국지』에 「각주관소(各州關所)」라는 항목에 일본 전국에 있는 주요 세키쇼를 개괄하였다. 그는 막부에서 에도를 도읍지로 삼은 중요한 이유 중 하나로 하코네 세키쇼의 존재를 꼽았다.

관중(關中)의 사람들은 또한 모두 체격이 장대하고 용맹하고 사납다. 삼면이 바다를 등지고 한 면만이 육지로 열려 있는데, 하코네는 천혜의 요새라 겨우 조도(鳥道)가 통한다. 관(關)을 열어 서쪽을 호시탐탐 노려보면 온 나라가 두려움에 떨고, 불리할 경우에는 관문을 닫

고 편안히 누워 있어도 족히 스스로 지킬 수가 있다. 그러므로 미나

모토노 요리토모[源賴朝: 가마쿠라 막부의 초대 장군]와 다카우지 장군[尊氏

將軍: 무로마치 막부의 초대 장군]이 이로 인하여 패자(霸者)가 된 것이며 이

에야스도 또한 이곳을 점거하고 편의를 위해 도읍을 여기로 옮겼던

것이니, 영웅의 소견이 고금에 서로 부합한다.[2]

『보영어강호회도(宝永御江戸絵図)』
에도 성은 광대한 부지에 세워졌다.

에도의 입장에서는 서쪽 지방을 공략하려면 세키쇼의 문을 열어놓고 군대를 보내면 되고, 서쪽 지방에서 반란이 일어나 군대가 몰려올 위험이 있을 경우는 하코네 세키쇼의 문을 닫기만 하면 쉽게 적군을 막을 수 있다는 것이다. 이러한 지형적 이점 때문에 역대 쇼군들은 '패자(覇者)'가 된 것이며, 에도를 근거지로 삼은 이에야스 또한 식견이 있었다고 원중거는 판단하였다. 에도가 요새와 같은 지세에 처해 있다는 이덕무의 기술은 이러한 원중거의 기록을 참조한 것이다.

19.

항구 도시 오사카[大坂]

　오사카 성[大坂城]은 셋쓰 강[攝津江]에 접해 있어서 나니와 진[浪華津]이나 난파(難波)로 불리기도 하며 또 나와[那波]라고도 불린다. 나라의 한복판에 처해 있으며 큰 강에 걸터앉아 내해(內海)에 임하였기에, 사방으로 길이 통하고 수로(水路)와 육로(陸路)가 모여들어 온갖 재화(財貨)와 장인이 갖추어져 있다. 이곳 또한 간파쿠가 직할하는 곳이며, 그런 까닭에 사람들은 한가롭고 안락하며 풍속이 사치스럽다. 본래 왜황에게 속한 땅으로 성지(城池)가 없었는데, 다이라노 노부나가[平信長]가 마침내 크게 성을 쌓았고 히데요시는 그 성을 더 크게 축조하였다. 어성대(御城臺)라 부르는 것은 높은 언덕 위에 지었기 때문이다.

　북쪽으로 강물을 임하고 있고 또 남쪽 언덕을 뚫어 물을 끌어들여서 성이 물 한가운데에 있다. 물은 여덟 줄기로 나뉘어 흐르는데, 물길이

나뉘고 합해지는 가운데 고리 모양으로 물이 흐르게 한 것이 80리로, 각각 도랑을 내서 배가 다니게 하였다. 그래서 오사카의 23만 호 가운데 대문이 물을 마주하고 있지 않은 경우가 드물다. 소위 서방의 제후(諸侯)라는 이들의 별장은 모두 오사카에 있다.

그 성지는 돌로 쌓았는데 높이가 두 장(丈)에 가까우며, 그 위에 집을 지었는데 또 두 장 높이의 흙담을 쌓아 횟가루를 칠해 놓았다. 한 칸의 벽마다 판자문을 하나씩 냈고 좌우로 총포와 화살을 쏠 수 있는 구멍을 뚫어 놓았다. 성 주위로 못을 파서 강물을 끌어들여 흐르게 했고, 층이 높은 누각을 만들어 바깥을 내다볼 수 있게 하였다.

大坂城, 在攝津江, 曰浪華津, 曰難波, 亦曰那波. 處一國之中, 跨大江, 臨內海, 四方同道, 水陸交湊, 百貨百工無一不備, 是亦關白所管, 故其人佚樂, 其俗侈靡. 本屬倭皇, 無城池, 平信長遂大築城, 至秀吉加高大焉. 其曰御城臺者, 因崇阜爲之.

北臨江水, 又鑿南岡, 引水, 城在水中. 水分八派, 分合之中, 環爲八十里, 各有溝渠, 以通舟. 故大坂二十三萬戶, 門不臨水者少焉. 其稱西諸侯別業, 俱在大坂.

其城池石築, 幾二丈, 其上爲屋, 又二丈土築而塗灰. 每一間設板扉一, 左右穿砲矢穴. 環城爲池, 引江流, 有層樓, 以瞰外.

교토와 에도 다음은 오사카이다. 이 글도 『화국지』「풍속」에서 가져온 것이다. "간파쿠가 직할하는 곳"이라는 말은 도쿠가와 막부에서 직접 관리하는 지역이라는 뜻이다. 일본에는 각지의 다이묘[大名]들이 지배하는 영지인 번(藩) 외에, 막부가 직접 통치하는 직할지가 있었다. 오사카, 나가사키, 교토 등 주요 도시는 모두 막부의 직할지였다.

오사카의 번화함에 경탄하는 대목은 사행록 도처에 보인다. 오사카는 일본의 중심지였으며, 바다에 인접했기에 배가 도시 안으로 들어갈 수 있었다. 이덕무가 "수로(水路)와 육로(陸路)가 모여들어 온갖 재화(財貨)와 장인이 갖추어져 있다"라고 하였듯, 육지와 바다가 교차하는 위치에 있었던 오사카에는 일본 전국의 생산물과 일용품이 모여들었다.

이덕무의 이 글에서 주목할 점은 사람들의 거주지 사이사이에 수로가 나 있다는 사실을 지적한 부분이다. 사절들은 오사카 전역에 물길이 나 있는 모습을 인상 깊게 보았다. 원중거와 더불어 사행에 참여한 성대중은 일본의 지리에 큰 관심을 보였는데, 오사카에 대해서도 다음과 같이 묘사하였다.

참으로 바다와 육지에 동시에 접한 도시로, 히데요시의 옛 도읍이다. 습속이 약고 교묘하여 이권을 다투는 장사치가 모여드는 것이 나라 안에서 제일이었다. 나니와 강은 오사카 성 아래에까지 이르는데 히데요시가 물길을 파서 여덟 갈래로 만들었다. 인가가 강을 끼

고 자리 잡았는데 집마다 서로 등을 지고 있고 상선이 문밖에 정박하였다.[1]

이처럼 그는 여덟 갈래로 나누어진 강물이 도시 전체에 흐르고 있고 그 옆에 인가가 늘어서 있으며 인가 근처까지 배가 정박할 수 있는 도시 구조를 자세히 묘사하였다. 사절들은 오사카가 경제적으로 발전한 이유는 수운(水運)의 발달에 있다고 보았다. 그 인식이 이덕무의 글에도 반영되어 있는 것이다.

또 그들은 오사카에 인접한 바다가 수류가 느리고 홍수가 일어나지 않는 것도 큰 이점이라고 하였다. 성대중은 "나니와 강은 수세가 매우 평탄하여 봄물이 크게 불어도 불과 네다섯 자밖에 되지 않는다. 이러한 까닭에 강변에 있는 인가도 물이 넘칠까봐 걱정하지 않는다"[2]라고 하며 오사카에는 홍수의 위험성이 없다고 하였다. 『화국지』 권1 「풍속」에 다음과 같은 대목이 보인다.

대개 나니와 강은 그 근원이 멀고 지세가 평탄하므로 물도 또한 느리고 완만하여 늘 파도가 덮쳐올 걱정이 없다. 오사카는 강의 입구에서부터 삼십 리 떨어져 있는데, 조수 간만의 차가 항상 서너 자를 넘지 않고 장마가 져도 물이 쉬이 빠져나가며 조수의 물마루도 완만하다. 그러므로 석축이 오래가며 나무를 엮어 놓은 것도 무너지지 않는다. 물가에 있는 집들이 항상 물을 가까이 하며 즐기는 것은, 단지 사람들의 재주가 그럴 뿐 아니라 실은 물살이 순하기 때문이다.

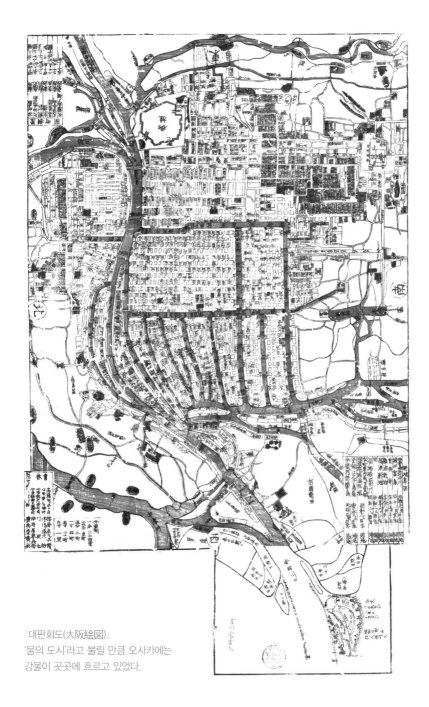

『대판회도(大阪絵図)』
'물의 도시'라고 불릴 만큼 오사카에는
강물이 곳곳에 흐르고 있었다.

그러므로 물을 가까이하고 있어도 수해가 없는 것은 일본만 한 곳이 없고, 일본에서는 오사카만 한 곳이 없다.[3]

이처럼 원중거는 수운이 발달한 데다 수류가 느린 곳에 위치하여 오사카가 번영했다고 보았다. 바다에 인접한 곳에 상업도시 오사카가 생기고 산에 둘러싼 지역에 군사 요새 도시 에도가 생긴 셈이다. 일본의 도시와 지형의 연관성을 고찰한 원중거의 인식이 이덕무의 글에도 반영되어 있다.

20.
차(茶)를 즐겨 마시는 일본인

　왜인은 습성이 강포하고 사나우며 칼과 창을 정교하게 쓰고 배를 익숙하게 다룬다. 남자는 머리를 잘라 틀어 묶고 단검을 차며, 부인은 눈썹을 뽑고 이를 검게 물들이며 이마에 눈썹을 그리고서 등 뒤로 머리를 늘어뜨린 다음 다리[髢]를 잇는데 그 길이는 땅에 끌릴 정도이다. 서로 만나면 꿇어앉는 것으로 예를 표하며, 길에서 어르신을 만나면 신과 삿갓을 벗고서 지나간다.

　인가(人家)는 널빤지로 지붕을 이은 경우가 많다. 차를 마시는 것을 좋아하여 길가에 찻집을 둔다. 인가가 곳곳에 있어 천 호, 백 호가 모여 취락(聚落)을 이루며 시장이 열려 있고 점포가 서 있다. 부유한 이는 오갈 데가 없는 여자를 거두어들여 용모를 단장시키고서 지나가는 과객을 끌어들여 재우고 술과 음식을 주고서 돈을 받는다. 그래서 여행자들은 식량을 들고 다니지 않는다.

대개 그들의 풍속이 숭상하는 것은 첫째가 신(神)이고, 둘째가 부처이며, 셋째가 문장이고, 에도 막부가 나라를 다스리는 수단은 첫째가 무(武)이고, 둘째가 법(法)이며, 셋째가 교묘한 속임수이다.

> 倭人, 習性强悍, 精於劍槊, 慣於舟楫. 男子斷髮而束之, 佩短劍, 婦人拔其眉, 而染其齒, 黛其額, 背垂其髮, 而續之以髢, 其長曳地. 相遇蹲坐以爲禮, 道遇尊長, 脫鞋笠而過.
> 人家多以木板蓋屋. 喜啜茶, 路傍置茶店. 人家處處, 千百爲聚, 開市置店. 富人取女子之無歸者, 容飾之, 引過客留宿, 饋酒食, 收其錢, 故行者不齎粮.
> 大抵其俗所尙, 一曰神, 二曰佛, 三曰文章; 江戶之爲國, 一曰武, 二曰法, 三曰智詐.

❀

이덕무가 「풍속」이라는 소제목하에 쓴 글의 첫 단락이다. 『화국지』에도 「풍속」이라는 항목이 있으나 이덕무의 이 글은 뒷부분을 제외하고는 『화국지』가 아니라 신숙주(申叔舟)의 『해동제국기(海東諸國記)』의 서문과 「국속(國俗)」을 참조한 것이다. 1443년에 일본에 다녀온 신숙주는 1471년에 『해동제국기』를 지어 조정에 진상하였다.[1] 일본의 지리와 문화를 서술할 때에는 1763년에 사행한 원중거의 『화국지』를 주로 참조하다가 풍속을 논할 때에는 그보다 약 300년 전의 기록인 『해동제국기』를 참조한 것은 특이하다고 할 수 있다. 일본의 풍속을 논할 때 『해동제국기』를 인용한 것은 그만큼 이 대목에 관해서는 일본의 풍습이 바뀌지 않았다고 인식하고 있었기 때문으로 보인다.

"대개 그들의 풍속이 숭상하는 것은 첫째가 신(神)이고, 둘째가 부처이며, 셋째가 문장이고, 에도 막부가 나라를 다스리는 수단은 첫째가 무(武)이고, 둘째가 법(法)이며, 셋째가 교묘한 속임수이다"라는 말은 『화국지』 권1의 「풍속」에서 가져온 것인데, 다만 『화국지』에는 문장의 뒷부분이 "에도 막부가 나라를 다스리는 수단은 첫째가 무(武)이고, 둘째가 법(法)이고, 셋째가 지(智)이고, 넷째가 은(恩)이다"[2]라고 기록되어 있어 약간의 차이가 있다.

"차를 마시는 것을 좋아하여 길가에 찻집을 둔다"라는 구절이 있는데, 이 부분은 『해동제국기』에는 "사람마다 차 마시기를 좋아하므로, 길가에 찻집을 두어 차를 파니, 길을 가는 사람이 돈 1문(文)을 주고 차한 사발을 마신다"[3]라고 기록되어 있다. 1443년에 신숙주가 목도한 일본인들의 차 애호는 1764년까지도 변함이 없었다. 1719년 일본에 다녀온 신유한은 일본인의 일상생활에 차는 없어서 안 되는 필수품이 되어있다고 전하였다.

이 나라에서는 남녀귀천을 막론하고 하나도 물을 마시는 법이 없고 반드시 차를 끓여 마신다. 그러한즉 집집마다 차를 쌓아놓은 것이 곡물보다 더하다. 차는 작설차(雀舌茶)의 종류로, 혹 푸른 싹을 따다가 말린 것을 찧어서 곱게 가루를 내어 뜨거운 물에 섞어 마시기도 하고, 혹 길게 자란 잎을 달여서 찌꺼기를 제거하고 마시기도 한다. 매번 식후에는 반드시 한 사발을 들이킨다. 시가지에 이르면 화로를 설치하고 차를 끓이는 이들이 천 리에 걸쳐 있다. 사행의 대소 신하 수백 명에게 날마다 제공되는 것이 각각 청차(靑茶) 1합과 엽차(葉茶) 한 묶음씩이고, 도중에 들르는 관소에서는 따로 차를 달이는 승려를 두어 밤낮으로 차를 끓여 대접하였다. 그 풍속 중 날마다 일상적으로 행하는 예절로 차만 한 것이 없었다.[4]

가정에서도 차를 마시고 길거리에서도 차를 팔고 숙소에서도 차를 접대하는 일본의 모습이 신유한의 눈에 신기하게 비친 것이다.

1763년에 일본을 방문한 원중거는 차에 대해 일본인과 나눈 대화를 기록하였다.

내가 항상 그 음식이 달고 싱거운데도 회충이 없는 것을 이상하게 여겼다. 아마도 차를 마시기 때문에 몸에 쌓여 모이는 것이 없어서 그런 것일까? 그 선비들이 항상 나에게 "귀국의 사람들은 차를 마시지 않는데도 병이 없는 것은 어째서입니까?"라고 물었다. 이에 대해 내가 "이것은 습성이 그렇게 만드는 것입니다. 우리가 차를 마시지 않는 것은 그대들이 차를 많이 마시는 것과 마찬가지니, 병이 있고 없고는 이것과 관계되지 않습니다"라고 대답하니 그들이 웃으며 사례하였다.[5]

"귀국의 사람들은 차를 마시지 않는데도 병이 없는 것은 어째서입니까?"라는 질문을 보면 당시 일본인은 차를 마시면 건강에 도움이 된다고 생각했음을 알 수 있다. 일본인의 질문에 대해 원중거는 차와 병은 별 상관이 없다고 주장하였다. 그런데 그는 『화국지』 권3의 「의약」이라는 글에서 일본의 의학과 약에 대해서 상술하며 다음과 같이 논하였다.

그들은 차 마시기를 좋아한다. 차는 바로 우리나라의 작설나무인데 연한 잎으로 가루를 내니 청차(淸茶)라고 부른다. 청차의 값은 비싸서 오직 귀인들만이 마신다. 옻칠한 대통에 넣어서 가지고 다니며 뜨거운 물을 타서 마신다. 그 나머지는 가지와 잎을 취하여 푹 삶아 늘 마신다.

이 차는 배가 부르면 꺼지게 하고, 배가 고프면 기운을 돌게 하며, 추울 때는 따뜻하게 하고 더울 때는 시원하게 해주며, 속이 막힌 것은 통하게 하고 목마를 때는 목을 축일 수 있다. 그래서 집집마다 차 달이는 화로를 만들어두며 사람마다 차 도구를 가지고 다닌다. 길가와 저자에는 차를 파는 가게가 없는 곳이 없다. 남녀노소 모두 항상 작은 찻잔으로 뜨거운 차를 후후 불어 마신다. 나라 안에 체증, 회충, 종기, 다리가 붓는 병, 가래 끓는 병을 앓는 이가 적은 것은 아마도 차를 마신 효험 덕인 듯하다.[6]

일본인들이 차를 즐겨 마신다는 현상만을 기술하는 데 그치지 않고 일본인의 식생활 중에서 차가 어떠한 의미를 가지는지를 자세히 관찰하였다. 이 점이 원중거의 일본 견문기가 다른 사절들과 비교해 돋보이는 이유이다. 차를 상시 음용하는 일본의 생활문화를 직접 목도하고 겪어 보았기에 차와 건강의 관계에 대한 원중거의 인식이 변화하였다고 할 수 있다.

21.

재가(再嫁)를 둘러싼 대화

여자는 13세 이상, 남자는 22세 이상이 되면 먼저 중매를 세우고 다음으로 편지를 주고받는다. 그런 뒤 신랑 쪽에서 금전(金錢)과 은전(銀錢)을 보내어 예를 갖추면 신부 쪽에서 비로소 길한 날을 잡아 결혼식을 올린다. 양가의 친척들이 모여들어 잔치를 열고 술을 마시는데 남자와 여자는 모두 크게 취한 뒤 내실(內室)로 들어가되 초례(醮禮)를 치르지 않고 친영(親迎)도 하지 않는다.

결혼 후에 여자는 이를 검게 물들여 남자가 머리를 깎는 것과 짝을 맞춘다. 여자는 날을 택해 재계하고는 신궁과 불사에서 기도하면 무당과 중이 서계(誓戒)를 외고, 여자는 모배(膜拜: 두 손을 들고 땅에 엎드려하는 절)하며 서계 듣기를 근실히 한다. 그런 뒤 곧 철장(鐵漿: 무쇠를 담가 우려낸 물)을 머금어 이를 검게 물들인다. 맹세하는 내용은 일부종사

(一夫從事)하겠다는 것인데 남편이 죽으면 다른 사람에게 재가(再嫁)한다. 나이가 들었는데 과부가 된 자는 이에 든 물이 빠져도 다시 물들이지 않는다. 왜의 여자 중 이를 물들이지 않은 자는 처녀와 과부와 창녀와 비구니(比丘尼)이다. 결혼한 뒤에는 집을 사서 따로 사니, 부자형제가 한솥밥을 먹으며 사는 경우가 없다. 나라 안에 여자는 많으나 남자는 적어서 한 사람이 혹 부인을 열 명까지 거느리기도 한다.

女年十三以上, 男年二十二以上, 先用媒妁, 次相遺書. 然後壻家遣金銀錢爲禮, 女家始卜日成婚. 兩家親戚, 來會飮宴, 男女皆大醉, 會曲房, 無醮禮, 無親迎.
婚後染齒, 以比男子剃髮. 女卜日齋戒, 禱于神宮·佛寺, 巫·僧申誓戒, 女膜拜聽戒惟謹, 卽含鐵漿染齒. 其所以誓, 誓以從一夫也. 然夫死, 更適人. 年老而寡者, 齒渝不更染焉. 倭女不染齒者, 處女·寡女·娼女與比丘尼也. 旣婚, 卽買宅析産, 無父子兄弟同爨者. 國中多女少男, 一人率妻者, 或至于十.

✼

『청령국지』에는 일본의 관례(冠禮)·혼례(婚禮)·상례(喪禮)·제례(祭禮)에 대한 내용이 상술되어 있는데, 이 또한 『화국지』 권2 「사례(四禮)」에서 가져온 것이다. 본 절에서는 신도(神道) 내지 불교 방식으로 진행되는 일본의 혼례에 대해 자세하게 묘사되어 있다. 결혼한 여성이 이를

검게 하는 관습은 '오하구로[お歯黒]'라고 하는데, 예부터 일본에서 행해졌다.

"남편이 죽으면 다른 사람에게 재가(再嫁)한다"라는 기술에서 알 수 있듯, 일본에서는 재가가 금지되지 않았다. 이에 대해 원중거는 일본에서 친하게 교류한 나와 로도[那波魯堂]와 다음과 같은 대화를 나누었다.

> 그 뒤에 시소[師曾]가 나에게 물어서 말하기를, "듣자니 귀국의 여자들은 귀천을 막론하고 두 번 결혼하지 않으며 지아비를 바꾸지 않는다고 하는데 사실입니까?"라고 하였다. 내가 "천인(賤人)의 경우는 지아비를 바꾸는 자가 전혀 없다고 할 수는 없지만 천인 가운데 지아비를 잃은 사람으로서 절개를 지키는 사람도 또한 열에 일고여덟은 되고 양호(良戶) 이상은 다시 결혼하는 사람이 없습니다"라고 대답하였더니, 시소가 "이는 중국에서 서적이 생긴 이래로 능하지 못하였던 바인데 귀국에서만 능하니, 참으로 천하에 만세토록 번영할 인의(仁義)의 나라입니다"라고 하였다. 내가 "이미 서적이 생긴 이래 없던 바라고 하셨는데, 귀국에는 도리어 이러한 풍속이 있으며 사대부의 집안에서도 또한 부끄럽게 여기지 않지요?"라고 하였다.[1]

재가에 대한 양국의 풍속 차이를 보여주는 대화로 아주 흥미롭다.

22.
맵고 짠 조선 요리,
달고 싱거운 일본 요리

음식은 맛이 담박한 것이 많으니 이들은 기름진 것과 매운 것과 젓갈과 심하게 짠 것을 먹지 못하고 오로지 달거나 신 것을 좋아한다. 육축(六畜: 소, 말, 돼지, 양, 개, 닭)을 먹지 않으니 풍속에서 도살을 꺼려서 개와 말이 죽으면 모두 매장하고 혹 병자를 위해 약으로 쓰려 할 경우 소를 절벽에 세워두고 밧줄로 끌어내려 떨어뜨려 죽인 뒤 고기만 가져다 쓰고서 나머지 부분은 묻어준다. 그러므로 육축을 기르는 경우가 적다. 밥을 먹을 때에는 양이 세 홉을 넘지 않으며 젓가락을 써서 먹는다. 물고기나 채소를 넣어 국을 끓일 때에는 반드시 먼저 잘 씻어서 기름기나 핏기를 없앤 뒤 익지 않게 한두 번만 끓어오르게 한다. 오로지 쓰시마 섬 사람들만 싫증내지 않고 탐식한다.

食多淡味, 不能食油膩, 辛辣醯醢及甚醎之味, 專尙甘酸. 不食六畜, 俗
忌屠殺, 犬馬死, 皆埋之. 或爲病者藥用, 則立牛於懸厓之上, 引繩曳倒
而死, 取肉用之, 埋其餘. 故罕畜六畜. 噉飯, 不過三合, 食時使筯. 魚菜
之羹, 必先淨洗, 無脂血氣, 只一再沸, 弗至爛熟. 惟馬島之人饕食無厭.

＊

　이 글은 『화국지』 권2 「음식」에서 가져온 것이다. 일본인의 식생활 중
에서 사행원들이 가장 특이하게 여긴 것은 일본인들이 고래를 먹는다
는 사실이다. 신유한은 일본에서 고래가 얼마나 소중한 음식인지를 기
록한 바 있다.

　왜인이 고래의 회(膾)를 가장 귀하게 여겨서 비싼 값으로 사서 손을
접대하는 화려한 찬으로 하나, 부드럽고 미끄럽고 기름져서 별로 다
른 맛이 없었다. 내가 통역에게 "듣건대, 일본 사람은 큰 고래 한 마
리를 잡으면 평생 부귀(富貴)를 누릴 수 있다 하니, 과연 그런가?"라
고 하였더니, 대답하기를 "어찌 한평생에만 그치겠습니까. 대대로
전할 수 있습니다. 공후귀가(公侯貴家)에서 고래 회·고래 젓[醢]을 제
일의 명품(名品)으로 삼아서 중한 값을 아끼지 아니하고, 일본의 등촉
(燈燭)은 다 고래의 기름을 쓰는데 고래 고기의 크기가 주먹만 한 것
이면 능히 기름 한 사발을 취할 수 있으니, 이것은 기름을 파는 이익
만도 당장에 1만금을 얻을 수 있고, 이[齒], 뼈, 등지느러미[鬐], 수염

[鯔]도 다 기물(器物)을 만들 수 있어 그 이익이 또한 많습니다. 이 때문에 바닷가에 사는 사람 중 포경장(捕鯨將)이란 자가 있어, 무리를 모으고 재물을 소비하여 그물과 기계를 설치해 놓는데, 실제로 고래를 잡아 부자가 된 자는 또한 적습니다"라고 하였다.[1]

　예부터 일본인들은 고래 고기를 즐겨 먹었다. 고래는 아주 소중하게 취급되었다. 고래잡이들은 고래를 한 마리 잡으면 상당히 큰 대가를 받을 수 있었던 것으로 보인다. 1748년에 사행한 조명채는 "왜인은 풍속으로 큰 잔치에 반드시 고래 고기를 장만하고 소나 양을 잡지 않으나, 이번에는 사행을 위하여 소를 잡아서 잔치할 것이라 한다"[2]라고 하였다. 일본인들은 평소 소고기를 먹지 않으나 조선 사신을 위해 특별히 소고기를 대접한 경우도 있었던 것이다.

　그런데 일본의 음식은 사절들의 입에 맞지 않았다. 조명채는 일본 백성들이 일상적으로 먹는 음식을 두고 "생선회는 매우 굵고, 국은 조금 먹을 만하나 장맛이 달고 향내가 나서 우리나라 사람이 먹으면 비위에 거슬린다"[3]라고 일본의 음식에 대해 거부감을 드러냈다. 남옥은 오사카에서 열린 잔치에 참석할 때에 나온 음식을 두고 "내온 수십 개의 그릇들 중에 도금한 물새와 도금한 닭, 자라 따위가 있었는데, 다만 사치함과 공교로움만 보여줄 뿐 먹을 수는 없었다"[4]라고 하였다. 일본 측에서 상당히 고급 요리를 대접하였으나 사절들의 입에 맞지 않는 경우가 많았던 것이다.

　반대로 당시 일본인은 조선의 음식을 잘 먹지 못했다. 이에 대해서는

『제국명소백경(諸国名所百景)』
예부터 일본에서는 고래잡이가 활발하게 행해졌다.

원중거가 일본인의 유사(儒士)들에게 조선 요리를 주었을 때의 일화를 남긴 바 있다. 그는 "유사들은 우리나라의 음식을 맛보고는, 몹시 기이하게 여겼다. 맵고 짜고 기름진 것에 이르러서는 번번이 말하기를 기름기, 소금기, 매운 기가 너무 성하다고 하였다"[5]며 조선에서 가져온 요리는 일본인의 입에 안 맞았다고 하였다. 조선 사절에게 일본 요리는 너무 달고 싱거웠고, 일본인에게 조선 요리는 너무 짜고 매웠던 것이다. 오늘날 양국 사람들이 서로의 요리에 느끼는 감각과 그리 다르지 않았던 것으로 보인다.

23.
정결한 일본인

풍속이 씻는 것을 숭상하여, 아침에 일어나서 머리를 감고, 상투를 튼 뒤 목욕하고, 음식을 먹고 나서는 손을 씻고, 자기 전에 다시 목욕한다. 재계할 일이 있으면 하루에 세 번 목욕하고, 소변을 보면 손을 씻고 대변을 보면 목욕한다. 그래서 집집마다 반드시 욕실이 있다.

俗尙澡浴, 朝起而沐, 旣髻而浴, 飮食而盥, 將寢而浴. 有齋戒, 則日三浴, 小便則盥, 大便則浴, 故家家必有浴室.

❀

『화국지』 권2 「조욕(澡浴)」에서 가져온 글이다. 일본인들이 목욕을 좋아하고 청결함을 선호한다는 기록은 사행록 도처에 보인다. 1636년에 일본에 다녀온 김세렴(金世濂)은 "풍속은 목욕을 좋아하여 한겨울이라도 그치지 않으므로, 거리마다 목욕하는 집을 지어 놓고 값을 받는다"[1]라고 하며 길거리 곳곳에 목욕탕이 있으며 겨울이라도 꼭 목욕한다고 기록하였다. 1655년에 사행한 남용익(南龍翼)도 "성품이 정결한 것을 좋아하여 물 뿌리고 쓸기를 쉬지 않으며, 하루에 목욕을 두세 번 하기도 한다"[2]라고 정결하고 목욕을 좋아하는 일본의 습관에 대해 기록하였다.

신유한은 백성들이 사는 가옥을 묘사하여 다음과 같이 썼다.

> 시속에서 측간을 설은(雪隠: 일본어로 셋친)이라 하는데, 설은의 옆에는 반드시 욕실(浴室)이 있고 욕실 가운데는 큰 통을 두어 물을 저장하고, 옆에는 상(床)이 하나 있고, 상 위에는 두어 자의 흰 저포(紵布)를 두었다. 그 풍속이 측간에 간 다음에는 반드시 씻으므로 물통이 있고, 상이 있고, 수건이 있다.[3]

화장실 옆에 있는 욕실에는 반드시 손을 씻기 위한 물통이 있고 그 옆에는 꼭 손을 닦기 위한 수건이 놓여 있는 모습을 묘사한 것이다. 용변을 본 후에 꼭 손을 씻는 것이 습관이 되어 있었던 것이다.

사절들은 일본을 다닐 때 주로 큰 사찰에서 묵었다. 관소에 도착하였을 때의 일기에도 그 정결함에 감탄하는 대목이 보인다. 1636년의 사행록에는 쓰시마의 관소에 대해 "관소로 사용하는 집은 비록 크고 널찍하지는 않았고 단청도 하지 않았지만 깨끗하고 정결하기로는 비길 데가 없었다"[4]라고 평가하였다. 1748년의 사행원 조명채는 "대개 그들의 풍속이 정결함을 매우 좋아하여 거처의 모든 것이 거의 수도하는 중의 암자와 같아 먼지 한 점도 없다"[5]라고 하며 일본인들의 생활공간이 매우 정결하다고 평가하였다.

24.

가마꾼들에게 말해본 일본어

말소리는 청음(淸音)만 있고 탁음(濁音)은 없어서 새가 지저귀는 듯도 하고 풀벌레가 처량히 우는 듯도 하니 완만하고 중후한 음이 전혀 없다. 그 말은 한 글자의 훈(訓)이 혹 대여섯 음절이 되기도 하는데 거기에 어조사도 붙는다. 중국어로 밥을 먹는다고 할 때에는 그저 '끽반(喫飯)'이라 하지만, 일본어로는 '밥'을 '면시(眠時)'라 하고 '먹다'를 '앙갈리(央喝伊)'라 하며 어조사로 '습니다[也乎]'는 '마시(麻時)'라고 하니 모두 7음절이다. 다른 것들도 모두 이와 비슷하다. 산(山)을 '야마(夜麻)'라 하고, 바다[海]를 '유미(由未)'라 하고, 물[水]을 '민주(民注)'라 하고, 불[火]을 '희이(噫伊)'라 하고, 종이[紙]를 '가미(加未)'라 하고, 붓[筆]을 '후대(侯代)'라 하고, 먹[墨]을 '수미(愁未)'라 하고, 벼루[硯]를 '수수리(愁愁里)'라 하고, 천천히 가는 것[徐行]을 '소로소로(疏老疏老)'라 하고, 빨리 가는

것[疾行]을 '하요하요(何要何要)'라 한다.[1]

聲音, 全淸而無濁, 喝喝切切, 全無緩重之音. 其言則一字之訓, 或至
五六轉, 而猶有助語. 如華言喫飯, 只曰'喫飯', 倭言謂飯曰'眠時', 喫
曰'央喝伊', 其語助如'也乎', 曰'麻時', 則凡七轉也. 他皆類此, 山曰'夜
麻', 海曰'由未', 水曰'民注', 火曰'噫伊', 紙曰'加末', 筆曰'侯代', 墨曰
'愁未', 硯曰'愁愁里', 徐行曰'疏老疏老', 疾行曰'何要何要'.

❀

이 글의 앞부분은 『화국지』 권2 「언어(言語)」에서, 뒷부분은 『화국지』
권3 「방음(方音)」에서 가져온 것이다. 원중거는 『화국지』 권2의 「왜자(倭
字)」·「언문(諺文)」·「편가나(片假名)」에서 일본의 문자와 일본의 고유 한
자어를 기록하였다. 이덕무도 『청령국지』에서 『화국지』 및 『화한삼재도
회(和漢三才圖會)』 권15의 내용에 의거하여 일본의 문자를 소개한 바 있
다. 일본에서만 사용되는 한자어를 설명할 때에는 뒤에 그 뜻을 병기하
였다. "働. 竭心力之."[2]와 같은 방식이다. '働'자는 일본어로 '일하다, 열
심히 하다'라는 뜻으로 사용된다. 이 한자를 '竭心力之', 즉 '마음을 다
하여 힘쓰다'라고 해석한 것이다. 히라가나나 가타카나를 제시할 때는
'む武', 'ル流'와 같이 발음을 표시하기 위한 한자를 병기하는 방식을 취
했다. 원중거는 "언문과 가타카나를 합하고 두세 개의 해서체 한자를
섞어 사용해서 말과 뜻을 통한다. 나라 안의 남자와 여자, 윗사람과 아

랫사람, 심지어 막일꾼까지 글자를 모르는 이가 없다"라고 일본에서
주로 히라가나와 가타카나를 사용함을 지적하였다.

이덕무가 "천천히 가는 것[徐行]을 '소로소로'라 하고, 빨리 가는 것
[疾行]을 '하요하요'라 한다"라고 하였는데, 이 말에 관한 에피소드가 원
중거의 『승사록』에 실려 있다. 원중거는 일본에서 대개 말을 타고 다녔
는데, 히코네[彦根]에 있었을 때는 몸이 아파서 가마를 탔다. 원중거는
이때 가마를 매는 일본의 여졸(輿卒)들과 나누었던 대화를 다음과 같이
묘사하였다.

> 사집(士執: 성대중을 가리킴)이 탄 가마와 나란히 가고 싶었는데 사집의
> 가마는 바야흐로 뒤에 있었다. 내가 "사이노오[沙伊老五]"라고 부르
> 니, 사이노오가 머리를 수그리고 손바닥을 마주하고 "하(응답하는 것이
> 다—원주, 이하 본 인용문의 괄호주는 모두 원주임)"라고 대답하였다. 내가 뒤
> 를 가리키며, "저 노리모노(가마의 일본어이다) 하요하요(빨리 간다는 것이
> 다), 이 노리모노 소로소로(천천히 간다는 것이다)"라고 말을 하였다. 나
> 란히 가 서로 같이 하게 되자, "욕가욕가(잘 했다는 것이다)"라고 말을
> 하였더니 두 여(輿)의 여졸들이 모두 크게 웃었다.[4]

'사이노오[沙伊老五]'는 가마꾼들을 지휘하는 사람을 가리킨다. 원중
거는 뒤에서 따라오던 성대중의 가마와 나란히 가고 싶어서 가마꾼들
을 관리하는 책임자에게 일본어로 "저 노리모노 하요하요, 이 노리모노
소로소로"라고 하였던 것이다. 일본 사행록에서 사절의 유머러스한 언

행이 기록된 경우는 거의 보이지 않는데, 언어와 관련된 해학을 사행록에 기록한 점이 매우 흥미롭다.

25.
법이 엄격한 일본

남의 재물이나 집기를 훔친 자는 경중을 막론하고 잡으면 바로 죽인다. 도적의 자식과 손주는 재산을 몰수하고 노비로 삼으나 그들의 후손에게는 미치지 않는다. 각 주의 성(城)과 부(府)와 촌락에 모두 원외군(垣外軍)을 두는데, 잃은 물건이 있는 경우 원외군에게 말하면 원외군이 곧바로 이 사실을 비밀리에 전달하니 체포하지 못하는 경우가 없다. 만약 잡지 못하면 이는 원외군의 죄가 되므로 시일이 지체되면 온 나라를 기찰(譏察)하여 물에 뛰어들거나 불에 달려들 듯이 하니 잡지 못하는 자가 없다. 그래서 나라 안에 도적이 없으므로 관가와 민가에서 빗장을 걸거나 자물쇠를 채우지 않고 물건도 모두 숨겨두지 않고 한데에 내둔다.

凡盜人財物器什者, 無論輕重, 捕輒殺之. 盜者之子孫, 沒爲奴婢, 其
孫則否. 各州城府村聚, 皆置垣外軍, 凡有所失, 言于垣外軍, 則垣外
軍立卽暗傳, 無不捕獲. 不得, 則軍有罪, 時日差久, 則擧國譏訶, 除非
投水赴火, 未有不獲者. 故國中無盜, 公私屋舍, 不設扃鐍, 物皆露置,
不收藏.

❀

『화국지』권3 「치도[治盜]」에서 가져온 글이다. '원외군(垣外軍)'이란 범
죄자를 찾거나 치안을 유지하는 역할을 맡은 사람들을 가리킨다. 원중
거는 『화국지』 「풍속」에서 원외군에 대해 자세한 기록을 남긴 바 있다.
"잡으면 바로 죽인다"라는 말이 있듯이 당시 일본의 법은 상당히 엄격
했다.[1] 원중거와 더불어 사행에 참여한 남옥도 "반역죄를 범하면 십자
목(十字木)을 세워서 죄수를 발가벗긴 뒤 손에다 못질을 해서 통행하는
거리에 매달아 놓고 행인들로 하여금 불로 태우거나 살을 깎게 하여 처
참하고 혹독하게 한 연후에 처형한다"[2]라고 하며 형벌이 매우 잔인하게
시행된다고 전하였다.

이덕무는 법이 엄격하기 때문에 "나라 안에 도둑이 없다"라고 하고
서 집의 출입문을 잠그지도 않는다고 하였다. 일본의 치안이 매우 양
호하다는 점도 예부터 지적된 것이다. 1624년에 다녀온 강홍중(姜弘重)
은 일본은 형벌이 매우 가혹하다고 하고서 "그러나 사람들이 범죄를
범하는 경우가 적고 도둑도 적어서, 바깥의 문을 닫지 않고, 나그네들

이 노숙하며, 시장에 물화를 밤낮 없이 드러내 놓으니, 이는 형벌이 혹독한 덕이다"[3]라고 하였다. 강홍중은 법에 의해 치안이 유지됨을 포착한 것이다.

26.
일본의 칼

패도(佩刀)는 반드시 천 년 된 고검을 최고로 치며, 그 다음은 600-700년 된 것이며, 최근에 주조된 검은 쓸모없는 것으로 여긴다. 백일 동안 하루에 한 번씩 제련한 뒤 수년간 땅에 묻어두었다가 다시 꺼내어 제련해서 백 번의 제련을 거쳐야 마땅히 천하의 날카로운 검이 된다. 사람마다 장도를 하나씩 차고 있는데 이를 패도라고 부르고, 장도 곁에 다시 단도 하나를 끼워두어 다용도로 쓰며, 또 길이가 한 자 되는 자도(刺刀) 하나를 더 차는데 이를 해수도(解手刀)라 부르고, 길이가 한 자 남짓한 칼은 급발(急拔)이라 부르니 이 또한 자도의 종류이다. 이 세 가지는 반드시 몸에 지니고 다닌다. 큰 검은 '도(刀: 가타나)'라 부르고, 작은 것은 '협협(脇挾: 와키자시)'이라 부른다.

佩刀, 必以千年古劍爲最, 其次, 六七百年, 若近年所鑄, 以爲無用. 日
經一鍊, 以至百日, 又埋地數年, 出而更鍊, 積至百鍊, 則當爲天下利
刀. 每人有一長刀, 謂之佩刀, 刀上又揷一小刀, 以便雜用, 又一刺刀
長尺者, 謂之解手刀, 長尺餘者, 謂之急拔, 亦刺刀之類. 此三者, 隨身
必用者也. 大曰刀, 小曰脇挾.

✿

『화한삼재도회』 권21 「병기(兵器)」에서는 전통적으로 일본에서 사용
된 무기가 소개되어 있다. 또 원중거는 『화국지』 권3의 「병기」에서 일본
의 칼에 대해 상술하였다. 이덕무의 이 글은 "최근에 주조된 검은 쓸모
없는 것으로 여긴다"까지는 강항의 『간양록』의 내용을, 그 이후에서 "천
하의 날카로운 검이 된다"까지는 『화국지』 「병기」의 내용을 축약하여 전
재한 것이고, 나머지는 모두 『화한삼재도회』 「병기」의 글을 인용한 것이
다. 이러한 저술방식을 통해서 알 수 있듯 이덕무는 여러 책을 참조하
여 일본의 '패도(佩刀)'에 대한 정보를 모아 놓았다.

이덕무가 말했듯이 일본에서는 큰 검을 '가타나[刀]'라고 하고 작은
칼을 '와키자시[脇挾 또는 脇差]'라고 한다. 도요토미 히데요시가 가타나
가리[刀狩]를 명령한 이래 일본에서 백성들은 칼을 소지할 수 없게 되었
으며, 무사만이 칼을 허리에 찰 수 있었다.[1]

원중거는 "성인(成人)의 예는 오로지 칼을 차는 것에 있다. 관직을
가진 자는 두 자루의 칼을 차고, 관직이 없는 자는 한 자루의 칼을 찬

다"[2]라고 하여 일본에서 허리에 칼을 찬다는 것은 성인이 되었음을 의미한다고 말하였다.

27.

오사카[大坂]에서 본 광경

　나라에 배 만드는 것을 금하는 법이 있어, 바다 주위 만여 리의 지방에서 모두 오사카의 나니와 강[浪華江]에 와서 배를 사 간다. 배의 재료는 황장목(黃腸木)을 쓰는데, 햇수가 오래되고 잘 마른 것을 취하여 배를 만든다. 사방에서 배를 사러 온 이는 반드시 먼저 후나부교[船奉行]에게 고하고, 그러면 후나부교가 공문을 내어주어 판매를 허가한다. 배를 매매한 이는 모두 성대부교[城臺奉行: '성대'는 오사카를 가리킴]에게 세금을 내는데 그러면 그가 배에다 낙인을 찍어준다.

　큰 나무 하나로 배의 바닥을 삼은 다음에 모서리를 내어 물을 가르고 빠르게 나아가게 한다. 배의 전면에도 나무를 세우고서 바깥에 모서리를 내고 양측에 널빤지를 대어 합치는데, 파도를 가르는 데 편리하게 하기 위해서이다. 배의 배[腹] 부분은 크고 가슴 부분은 뾰족하며, 후미는 간략하다.

國中有造船之禁, 環海萬餘里, 皆來買於大坂之浪華江. 其材, 用松之
黃膓, 取其年久乾燥者製之. 四方買船者, 必先告船奉行, 則出公文許
賣. 凡買賣者, 皆納稅於城臺奉行, 加烙印於船.
以一大木爲船底, 而稜之, 使劈水行速. 船面亦立竪木, 而稜其外, 以
引兩旁之板, 而合之, 取其便於劈浪也. 大腹尖臆, 其尾略殺.

❈

『화국지』 권2 「주즙(舟楫)」에서 가져온 글이다. 원중거가 일본에서 가
장 자세하게 기록한 것은 배를 제조하는 과정이다. 『화국지』와 『승사록』
에는 조선기술에 대한 기록이 도처에 보인다. 원중거는 일본의 모든 배
가 오사카에서 제조된다는 사실을 지적하였는데, 이는 체험에서 얻은
정보였다.

오사카에서 최천종이 살해되었을 때 범행 현장의 수색, 사건의 경위
파악, 시체의 부검 등 조사가 끝날 때까지 상당히 많은 시간이 걸렸다.
이 때문에 사절들은 오사카에 오랫동안 머물러야 했다. 오사카에서의
체재가 길어졌기 때문에 원중거는 오사카의 길거리를 돌아다니면서 상
업 도시의 구조를 깊이 있게 관찰할 수 있었다. 다만, 숙소를 나가 외출
허가를 받을 때까지는 상당히 까다로운 절차를 거쳐야 했다. 숙소를 나
가려고 하는 원중거 일행과 외출 허가를 내리기 꺼리는 일본 측 관리와

의 대화가 『승사록』에 기록되어 있다.

> 이 날도 또한 조사를 하였던 까닭에 저들이 우리가 많이 나가는 것을 난처해하였다. 양의(良醫)와 민(閔)·조(曺)·양(梁) 세 사람이 함께 나가고 싶어 했는데, 저들이 말하기를, "이 분들은 아침에 허가를 받은 분들이 아니라서 만약 유사(有司)에게 알려 답을 받고 나서 나가시려면 시간이 좀 걸릴 형세입니다"라고 하였다. 그러므로 함께 가지 못하고 나와 서령(徐令)만이 아침에 먼저 허가를 받은 사람으로서 나올 수 있게 되었지만, 또한 문을 나설 때 문서를 확인하여 종인(從人)들은 먼저 수를 세어 내보내 문밖에 서 있도록 하고 나서야 비로소 상관(上官)들을 나가도록 허락하였다.[1]

사건의 조사가 매일같이 행해졌으나 아무 진전이 없었다. 하루 종일 숙소에 머무는 것도 심심해서 많은 사절들이 외출하고자 하였는데, 사절들을 수행하는 일본 측의 관리들은 그들이 외출하는 것을 그리 환영하지 않았던 것이다. 까다로운 외출 절차를 거쳐 원중거 일행은 작은 배를 타고 오사카의 길거리에 나갔다. 그는 오사카의 도시 구조를 다음과 같이 묘사하였다.

> 대개 요도우라[淀浦: 오사카에 도착하였을 때 내린 항구를 말함]로부터 여덟 개의 큰 물줄기가 나뉘어 흐르고 수로들이 종횡하니 그 형태는 마치 직물을 짜놓은 것 같다. 둑 위에는 모두 인가가 있고 아래로 내려오

먼 우리 배가 있는 곳이었다. 약 십오 리쯤에 지나간 다리가 무릇 열세 개였다.[2]

당시 오사카에는 여덟 개로 갈라진 작은 강이 "직물을 짜놓은" 듯 도시에 파고들고 있었고 곳곳에 다리가 걸쳐 있었다. 그 광경은 조선에서는 좀처럼 볼 수 없었다. 그리고 물가에서는 곳곳에서 배를 만들고 있었다. 그 모습을 원중거는 다음과 같이 묘사하였다.

> 상하 십오 리 사이 양쪽 언덕에 모두 인가의 누각이 있는데 집집마다 모두 장사를 했다. 언덕에서는 모두 배를 만들고 있었는데 톱질하는 사람, 목재를 베는 사람, 선판(船板)을 얽는 사람, 선각(船閣)을 닦고 꾸미는 사람, 간간이 나무로 된 물품을 끌어올리는 사람, 떼를 타고 올라가고 내려가고 하는 사람, 땔나무를 파는 사람, 큰 되를 파는 사람, 버팀목을 볕에 쬐는 사람 등이 사람의 눈을 어지럽게 했다.[3]

원중거가 오사카에서 목도한 것은 열심히 배를 만드는 장인들의 모습이었다. 작은 배를 타고 오사카의 도시를 돌아다닌 경험은 일본의 조선기술을 자세히 관찰할 수 있는 기회를 제공하였다. 배의 재목, 배를 매매할 때 밟는 절차, 배의 제조방법 등에 대한 이덕무의 기록은 원중거가 오사카에서 직접 관찰하여 기술한 조선기술에 대한 내용에 의거한 것이다.

『섭진명소도회(攝津名所圖會)』
오사카에서 가장 번화했던 도톤보리[道頓堀]. 선착장이 있었던 에이다이하마[永代浜]에서는 수많은 해산물이
거래되었다.

28.
카스텔라와 스기야키

가수저라(加須底羅)는 고운 밀가루 한 되와 백설탕 두 근에 계란 여덟 개를 넣어서 반죽한 다음 구리 냄비에 담아 숯불로 노란 빛이 나오게 익히되 대나무 바늘을 써서 구멍을 내 불기운이 속까지 들어가게 하여 만든 뒤 꺼내서 잘라 먹는데, 이것이 최상품이다.

승기악이(勝其岳伊)는 가장 진미(珍味)이다. 도미와 숙복(熟鰒)과 달걀과 미나리와 파를 끓여서 잡탕을 만든다. 어떤 마을에서 사람들이 삼나무 아래에 모여 앉아 각자 자기 집에서 재료를 하나씩 가져와 이것을 만들어 먹었다고 해서 '삼자(杉煮)'가 되었다고 한다.

加須底羅, 淨麪一升, 白沙糖二斤, 用鷄卵八箇溲和, 以銅鍋炭火, 熬
令色黃, 用竹針刺孔, 使火氣透中, 取出切用, 最爲上品.

勝其岳伊, 最爲珍味, 以鯛魚熟鰒鷄卵芹葱, 煮爲褉羹. 有一村人會
坐杉木下, 各絜其家一物, 爲此, 因名杉煮云.

❋

『화한삼재도회』권105「조양류(造釀類)」에는 낫토, 장유, 술, 우동,
떡, 과자 등 당시 일본에 있던 요리가 소개되어 있다. 이 항목에는 '남
만(南蠻)'에서 들어온 음식물도 기록되어 있다. 전국 시대 일본에서는
포르투갈·스페인과 교류가 있었고, 에도 시대에는 나가사키를 통해
네덜란드와 무역을 하였다. 이 때문에 예부터 일본에서는 이들 나라에
서 남만과자(南蠻菓子)가 들어왔다.『화한삼재도회』에도 남만에서 들어
온 과자의 제조법이 기록되어 있다.

16세기 중반에 일본에서 포교활동을 했던 포르투갈 선교사는 포교
를 추진하기 위해 술이나 과자를 이용하였는데, 이때 그들이 이용한 음
식물 가운데 카스텔라가 포함되어 있었다.[1]『화한삼재도회』에 카스텔라
의 제조법이 기록되어 있는 것을 보아 에도 시대 일본에서 카스텔라는
어느 정도 알려진 과자였던 것으로 보인다.

'승기악이(勝其岳伊)'는 '스기야키[杉燒]'를 말한다. 스기야키에 대한
기록은『화국지』에서 가져온 것이다. 일본인들이 즐겨 먹는 '스키야키'
와 발음이 비슷하다. '스키야키'의 어원에 대해서는 일찍이 일본 농민들
이 농사 지을 때 사용하던 호미(鋤: 일본어로 '스키'라고 함)를 불에 올려
놓고 그 위에서 여러 음식물을 구워서('야키'는 굽는다는 뜻) 먹었던 것에

서 비롯되었다는 것이 가장 유명한 설인데, '스기야키[杉燒]'에서 비롯되었다는 설도 있다.[2]

카스텔라와 스기야키는 조선 사절들이 일본에서 대접을 받았을 때 몇 차례 나온 음식이다.[3] 이덕무는 원중거에게서 카스텔라와 스기야키에 대한 이야기를 들었을지도 모른다. 발음부터 특이한 '가수저라(加須底羅)'와 일본에서 제일 '진미(珍味)'라고 하는 '승기악이(勝其岳伊)'에 대한 기록은 신기한 것에 호기심을 보이는 이덕무의 면모가 드러난 대목이다.

29.
고구마의 재배법

고구마[甘藷]는 덩굴과 잎이 마[薯蕷]와 같은데, 덩굴을 땅에 묻으면 곳곳에서 뿌리가 난다. 뿌리는 길이가 네다섯 치 정도이고 둘레가 두세 치인데 양끝이 좁고 껍질이 자홍색이며 속은 정백색이다. 날것으로 먹으면 담박하고 달착지근하며, 삶아서 먹으면 매우 달고 호박 같은 맛이 난다. 거위 알처럼 둥근 것이 가장 좋다.

甘藷, 蔓葉同薯蕷, 其蔓埋地, 卽處處生根. 其根長四五寸, 周二三寸, 兩頭窄而皮赤紫, 肉正白色. 生食之, 淡甘脆, 煮食, 甚甜, 有南瓜氣味. 其如鵝卵圓者, 乃魁也.

이 글은 어디서 가져왔는지 알 수 없다. 고구마에 대한 기술도 사행록 도처에 보인다. 조엄은 쓰시마에 있었을 때 다음과 같이 썼다.

> 이 섬에 먹을 수 있는 풀뿌리가 있는데 감저(甘藷) 또는 효자마(孝子麻)라 부른다. 왜음으로 고귀위마(古貴爲麻)라 하는 이것은 생김새가 혹 산약(山藥) 같고 혹 무뿌리[菁根] 같으며 오이 같기도 하고 토란 같기도 하여 그 모양이 일정하지 않다.[1]

사절들은 쓰시마에서 고구마를 제조하는 현장을 목도하였다. 원중거는 조엄보다 상세히 고구마의 재배법을 기록하였다.

> 대개 사스우라[佐須浦]로부터 도요사키[豊碕]에 이른 뒤로는 지세(地勢)가 따뜻하고 밝아 자못 사람이 사는 세상 같았으며 또한 산밭이 많았다. 도요사키 아래 언덕 위 남향인 곳에 빈 장막이 수십 개가 있기에 왜인들에게 물어보았더니, "고구마의 종자를 보관해 두는 곳입니다. 대개 고구마는 성질이 쉽게 얼고 습기를 싫어하고 더욱 화기(火氣)를 꺼리기 때문에 따로 이처럼 장막을 설치해 땅을 파고 저장합니다. 날이 추우면 깊이 저장하여 두껍게 덮어서 얼지 않도록 하고 조금 따뜻하면 문을 열어서 바람이 통하게 하고 많이 따뜻하면 싸놓은 것을 열어 햇볕이 들게 합니다. 그러므로 하루에도 서너 번이나 갈

아줘야 하기에 집집마다 각자 저장하지 못해 봄이 되면 반드시 사서 취해 모종을 내니, 종자를 보관하는 사람이 마침내 이익을 내는 기회를 얻게 됩니다"라고 대답하였다.

이로 미루어 보건대 우리나라에서는 비록 땅에 심기에 알맞더라도 오래 전하지는 못할 것이다.[2]

원중거는 기후도 다르고 재배법도 복잡하기 때문에 조선에서 고구마 재배를 실행하는 것은 어렵다고 보고 있었다. 그런데 이처럼 자세하게 고구마에 대해 기록하였다는 것은 그만큼 고구마 재배에 관심을 가졌음을 보여준다. 그는 고구마의 재배법뿐 아니라 일본인들이 고구마를 어떻게 요리하고 있는지 예리하게 관찰하고 있었다.

고구마, 마, 우엉, 당근 같은 것은 모두 국으로 끓인다. 순무, 무, 겨자 잎, 미나리, 파, 오이, 가지 같은 것은 일반적인 채소로 쓴다. 파뿌리가 큰 것은 혹은 주먹만 하기도 한데 매운 기운은 적고 단맛이 난다.

토란이 큰 것은 바리때나 종(鐘)만 한데, 구워 먹기를 좋아하고 국을 끓이는 데 쓰는 경우는 적다. 고구마는 대략 마 같은데 그 꼬리가 뾰족하고 가늘며 색깔이 누른빛으로, 구워서 먹으면 군밤보다도 달다. 다만 밤과 비교하여 맑고 탁한 차이가 있다. 찌든 끓이든 삶든다 안 될 것이 없는데 구워 먹는 것을 더욱 좋아하니 토란과 같다. 그러므로 길가에 늘어선 가게의 절반이 구운 토란과 고구마를 파는 곳이다.[3]

고구마의 맛에 대해 기록한 것을 보면 원중거는 실제로 일본에서 고구마를 시식한 것으로 보인다. 고구마를 구워서 맛있게 먹고 있는 일본인의 모습은 원중거에게 고구마에 대한 관심을 불러일으켰을 것이다.

30.

도쿠가와 막부의 군사제도

요리키[與力]는 기병이고 도신[同心]은 보병이다. 나라 안에선 내외 관직을 막론하고 봉록이 있는 자는 모두 자기 종인(從人)에게 직접 봉미(俸米)를 줄 수 있으며 그들은 모두 창검에 익숙하여 급한 일이 있으면 모두 일가의 병졸이 된다. 보병 한 사람은 한 해에 쌀 25석을 봉미로 받는데 1석은 24두이며, 한 달에 여섯 번 훈련을 받는다.

에도와 오사카에는 별도로 무직을 두니, 하치오지센닌가시라[八王子千人頭]·하타부교[旗奉行]·야리부교[槍奉行]·오모치유미가시라[持弓頭]·오모치즈쓰가시라[持筒頭]·뎃포카타[鐵砲方] 등의 벼슬이 그것이다. 가이[甲斐]의 기사(騎士), 사쓰마[薩摩]의 검술(劍術), 리쿠오[陸奧]의 말[馬], 니후[二豊: 부젠[豊前]과 분고[豊後]를 가리킴]의 쇠[鐵]는 그중에서 유명한 것이다. 대개 나라 안에서 군대와 관련된 일을 꺼려서, 평소에 감히 병기의 날을 드러내거나 포성(砲聲)을 내지 못한다.

> 與力者, 騎兵也; 同心者, 步軍也. 國中勿論內官外職, 有祿者皆得自
> 廩, 其從人皆習用槍劍, 有急則皆爲家兵. 步軍一人, 歲食米二十五石,
> 一石, 二十四斗, 每月六次組練.
> 江戶·大坂, 別置武職, 如八王子千人頭旗·鑓奉行, 弓·筒·鐵砲頭等
> 官, 是也. 甲斐之騎士·薩摩之劍術·陸奧之馬·二豐之鐵, 皆其著名者也.
> 大抵國中諱兵, 平時不敢露兵刃, 出砲聲.

※

『화국지』 권3 「병제(兵制)」에서 가져온 글이다. 하치오지센닌가시라[八王子千人頭]란 보통 하치오지센닌도신[八王子千人同心]으로 부르며, 막부에 직속하는 역직으로 주로 에도 근교에 있는 하치오지[八王子]에 배치되어 에도를 방비하는 역할을 맡았다.[1] 하타부교[旗奉行] 이하의 역직 또한 에도를 지키기 위해서 도쿠가와 막부가 직접 통괄하던 역직이다. 오사카에도 경비를 맡은 역직이 있었다.

"대개 나라 안에서 군대와 관련된 일을 꺼려서, 평소에 감히 병기의 날을 드러내거나 포성을 내지 못한다"라는 말에서 알 수 있듯, 원중거가 사행으로 갔을 때 일본에서는 평화가 오랫동안 이어져 특별히 군사 훈련을 하지 않았다. 남옥의 『일관기』에 다음과 같은 대목이 있다.

총과 탄환은 바로 자기 나라의 산물인데도 사행이 오르고 내릴 때에 포를 쏘면 뭇 왜인(倭人)이 그때마다 어린애처럼 깜짝 놀라서 하얗게 질리곤 한다. 이것을 보면 그들이 매월 무예를 시험한다고 한 것이 헛말인 줄을 알 수 있다.

평화가 이미 오래되어서 군사 방비가 점점 느슨해진 데다가 또 그 경계하고 금지하는 것이 대단히 엄격해서 병무(兵務)를 기휘하니 문풍(文風)이 전보다 점점 성해져 오랑캐의 본색을 잃어버렸다. 요컨대 이것은 가히 오래 지속될 수 있는 도가 아니다.[2]

전쟁을 대비해 에도를 방비하는 역할을 담당하는 벼슬이 많이 배치되어 있는데, 오랫동안 국내에서 전쟁이 일어나지 않고 막부도 허가 없이 무기를 사용하는 것을 금지하였기 때문에 실질적으로 제도가 형해화되고 있을 뿐 아니라 사람들의 심성도 평온한 생활에 익숙해 있었던 것이다. "대개 나라 안에서 병사를 꺼려서, 평소에 감히 병기의 날을 드러내거나 포성을 내지 못한다"라는 이덕무의 글은 이러한 일본의 상황을 목도한 계미통신사 사절들의 기록을 토대로 한 것이다.

31.

일본에서 네덜란드 사람을 보다

아란타(阿蘭陀: 홀랜드(Holland))는 서북쪽 한계에 있는 가장 추운 나라로, 홍모국이라고도 한다. 모두 일곱 개의 주가 있는데 아란타는 그중 하나였다가 지금은 일곱 개 주를 총괄한 명칭이 되었고, 일곱 개 주의 이름은 세이라모지(世伊羅牟止), 구류우녜해(具留宇禰解), 우이다량목(宇伊多良木), 계류지우모지(計留止宇牟止), 호우포류이세류(乎宇布留伊世流), 포리이수량모지(布利伊須良牟止), 호량모태(乎良牟太)이다.[1] 일본으로부터 1만 2,900리 떨어져 있으며, 나라의 임금은 고모파이아(古牟波爾亞)라 불린다. 나라 사람들은 살색이 희고 머리카락이 붉으며 코가 높고 눈이 둥글며 항상 개처럼 다리를 하나 들고서 오줌을 눈다. 옷은 모직으로 되어서 아름답게 수식된 것이 많다.

먼 나라와 교역하기를 좋아하여 교류파(咬噌吧: 자카르타를 말함)에

관을 두고 일본과 여러 나라에 상선을 보내는데 10년에 한 번씩 회계를 한다. 그들의 차관은 매년 6-7월에 나가사키에 오고 다음해 봄에 에도에 가서 연시(年始)와 교대(交代)의 예(禮)를 참석하고서 그해 6-7월에 온 이와 교대하여 떠나는데, 이 사람을 가비단(加比丹)이라 부른다.

글은 가로쓰기를 하며, 밥을 먹을 때 낮은 관직에 있는 이가 앞에서 고무하며 진지 들기를 권한다. 사람들은 장수하지 못해 60세가 된 이가 매우 드물다. 성정이 정교하여 천문·지리·산수·외과의술(外科醫術)이 매우 훌륭하다. 상선은 35, 36개국을 왕래하기에 진귀하고 기이한 물품을 이루 다 헤아리지 못한다. 소문답랄(蘇門答剌)·파우(琶牛)·방갈랄(傍葛剌)·파사(波斯)·발니(渤泥)² 등의 나라에는 아란타만이 왕래할 수 있는데, 이는 그들의 배는 모두 돛이 여덟 개라 역풍과 순풍을 가리지 않기 때문이다. 그들의 토산품으로는 성성피(猩猩皮)·산호주(珊瑚珠)·마노(瑪瑙)·호박(琥珀)·목내이(木乃伊)·안경(眼鏡)·나경(羅經: 나침판)·토규(土圭: 시계)·성척(星尺: 별의 도수를 측정하는 기계) 등이 있다.

阿蘭陀, 西北之極界, 最寒國也, 亦曰紅毛. 凡有七大州, 阿蘭陀其一州, 而今爲総名. 曰世伊羅牟止, 曰具留宇禰解, 曰宇伊多良木, 曰計留止宇牟止, 曰乎宇布留伊世流, 曰布利伊須良牟止, 曰乎良牟太. 距日本一萬二千九百里, 其國主號古牟波爾亞. 其國人, 色晳髮紅, 鼻高眼圓, 常擧一脚尿之如犬. 衣多毛織美餙.

好交易于遠國, 置官於咬吧, 通市舶於日本及諸國. 每十歲一度, 爲総計勘定. 其次官, 每年六七月來長崎, 翌年春參于江戶勤年始及交代

禮, 復與六七月來者交代去. 其人稱'加比丹'. 用橫文字. 凡食時, 卑官
鼓舞于前以進之. 人不長壽, 六十歲甚稀. 性情巧, 天文·地理·算數及
外治醫藥甚良. 商舶往來三十五六箇國, 故珍品異物不可勝計. 蘱門答
剌·琶牛·榜葛剌·波斯·淳泥等國, 惟阿蘭陀能往來. 蓋其舶皆八帆, 不
擇逆順風故也. 其土産, 曰猩猩皮·珊瑚珠·瑪瑙·琥珀·木乃伊·眼鏡·羅經·
土圭·星尺.

❀

아란타(阿蘭陀), 즉 네덜란드에 대한 기술은 『화국지』가 아닌 『화한삼
재도회』 권14의 「외이인물(外夷人物)」에서 가져온 것이다. 실제로 일본에
다녀온 사절들은 직접 아란타인을 목도하였다. 남옥의 『일관기』에는 다
음과 같은 아란타인에 대한 기록이 보인다.

> 길에서 아란타인 다섯 명을 보았는데 왜인들에 비해서 체격이 장대
> 했다. 검은 베로 다리를 감싸고 상의가 허리 아래에까지 내려와 의
> 복제도가 대략 왜의 그것과 같았다. 수염은 짧고 머리는 자르지 않
> 았는데 머리카락을 뒤로 묶어 늘어뜨리고 기름을 발라서 반드르르
> 하게 했다. 칼은 차지 않는다고 한다.[3]

사절들은 아란타에 대해 큰 관심을 가졌다. 이덕무가 인용한 『화한
삼재도회』의 글 중에서 "천문·지리·산수·외과의술(外科醫術)이 매우

훌륭하다"라는 글이 보이는데, 사절들도 아란타의 의학에 특히 관심을
가졌다. 원중거는 일본의 의학을 논하면서 다음과 같이 썼다.

> 중국의 의서가 갖추어지지 않은 데가 없고 우리나라의 『동의보감(東
> 醫寶鑑)』을 깊이 신뢰하여 대판(大板), 소판(小板)으로 간행된 것이 매우
> 많다. 어린아이의 처방은 아란타에서 들어온 것을 중요시하여 그들
> 스스로 말하기를 아란타의 처방을 얻은 이후로 나라에서는 어린아
> 이가 일찍 죽는 우환이 적어졌다고 한다.[4]

계미통신사 사절들은 일본에서 의학에 능통한 도미노 기인[富野義胤]
이라는 인물과 절친하게 교류하였다. 사절들 중에서도 의료 전반의 일
을 맡은 '양의(良醫)'가 수행했는데, 도미노 기인은 양의로 사행에 참여
한 이좌국(李佐國)과 깊이 교우하였다. 『승사록』에는 "즈다츠[仲達: 도미
노 기인을 말함]가 항상 자신은 아란타의 의술을 배워 바야흐로 나라 안
에 일찍 죽는 사람이 줄었다고 하였다. 사빈(士賓: 이좌국을 말함)이 후한
값을 주고 아란타의 처방법을 사서 왔다"[5]라는 기록이 보인다.
이좌국은 아란타의 의서에도 관심이 있었다. 계미통신사 사절들과
교류한 일본의 문인 미나미카와 이센[南川維遷]은 다음과 같이 기록하
였다.

> 조선은 외국의 장삿배가 오지 않고 중화와도 육로의 왕래가 있을 뿐
> 이라 홍모(紅毛: 네덜란드)의 외치법(外治法: 외과의술을 가리킴)은 전혀 없

다. 그러므로 갑신년(1764)에 빙사(聘使)가 왔을 때 양의(良醫) 찬암(篆

庵: 이좌국을 말함)이 나에게 아란타의 의서(醫書)가 있으면 가져와서 좀

보여 달라고 부탁하였는데, 그 책은 외과의의 집에 전해지지만 모두

국자(國字)로 되어 있어 조선인은 해독할 수 없고 홍모인들의 문자는

게처럼 옆으로 가는 오랑캐의 언어이기 때문에 더욱 통하지 않으니

안타깝다.[6]

『사십이국인물도설(四十二国人物図説)』, 니시카와 죠켄[西川如見]
에도 시대의 천문학자인 니시카와 죠켄은 인물화를 부기하며 42개국의 나라의 복장과 문화를 소
개하였다.

이를 통해 이좌국이 아란타의 의술에 큰 관심을 보였음을 확인할 수 있다. 아란타의 의서를 번역한 책은 한문이 아닌 일본어로 되어 있었고 아란타어로 된 책은 해독할 수 없기 때문에 직접적으로는 접할 수 없었던 것이다. 일본의 난학(蘭學)이 의학을 위주로 전개되었다는 사실을 고려할 때, 의학적인 실용성의 관점에서 외국의 학문에 접근하려는 태도가 있었다는 것은 주목할 만하다고 생각된다.

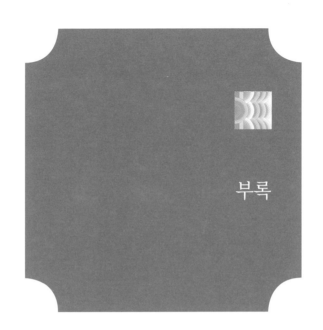

부록

부록 1

이서구의 『청령국지』 서문

청령(蜻蛉)은 일본의 옛 이름이다. 주나라 유왕 때에 사노[狹野]라는 자가 와슈[和州: 지금의 나라 현] 우네비[畝傍] 산의 동남쪽에 있는 가시하라[橿原]에 나라를 세우고서 국호를 도요아키쓰시마[豐秋津洲]라고 하였다. 일본 사람들은 잠자리를 '아키쓰'라고 하는데, 나라의 지형이 잠자리를 닮았기에 그런 이름이 붙은 것이다.

후한 광무제 때에 처음으로 중국과 교류하였는데, 역사 기록에 '왜노(倭奴)'라고 하거나 '야마(野馬)'라고 한 것이 바로 이들이다. 당나라 함평(咸平) 연간에 이르러서 스스로 동쪽에서 뜨는 태양과 가까운 곳에서 산다고 하여 국호를 '일본'으로 바꾸었고 후대에도 이를 따랐다.

국토의 주변을 바다가 둘러싸고 있으며 천하의 동북쪽에 있어 우리나라와는 이웃나라가 되는데, 그렇기에 그들의 풍속과 강역에 대한 말

이 종종 우리나라 기록에도 보이는 것이니, 『해동제국기』나 『일본행록
(日本行錄)』 등과 같은 부류가 매우 많다.

지금 적성현감 이군 무관(懋官: 이덕무를 가리킴)이 자료를 널리 모아
『청령국지』 2권을 편찬하고서 나에게 서문을 부탁하였다. 내가 평소에
도서와 사적을 살펴보니, 대연(岱淵: 동해를 가리킴) 동쪽으로 류쿠[琉球]
와 루손[呂宋: 필리핀 제도의 섬]과 에조[蝦夷: 아이누 족의 옛 이름] 등의
잡국(雜國)이 열 개 정도 있다고 한다. 그런데 그중 일본이 가장 크며,
외국과 통상하고 가진 물산을 잘 이용하여 재화가 가득 모여들고 백성
이 많고 병사가 강력하여서 고려 이래로 자주 변방의 우환이 되었다.
명나라 만력 연간에 이르러서는 다이라노 히데요시가 간파쿠가 되어
중국을 침략하겠노라고 소리 높여 외치고 우선 조선을 침략하여 일곱
개 도(道)가 모두 처참하게 짓밟혔고 세 도읍이 쑥대밭이 되었다. 선조
(宣祖)께서 서쪽으로 거둥하시어 의주에 계시며 명나라에 구원을 요청
하였는데, 신종황제께서 혁연히 진노하시고는 도독 이여송을 보내 군
사를 거느리고 왜구를 토벌하라 하셨다. 천자의 군대가 이르는 곳은 낙
엽이 가을바람에 쓸리듯 소탕되어 동국 수천여 리의 영토가 오래지 않
아 회복되었다. 다시 유격장군 심유경을 보내 일본에 가서 화의를 의논
하게 하며 옥쇄가 찍힌 문서로 히데요시에게 봉작(封爵)을 내렸다. 이는
위협과 은혜를 동시에 가하신 것이니, 옛 성왕께서 천하를 다스리는 체
모를 깊이 얻으셨다고 하겠다. 어찌 그리 훌륭하신지!

지금 『청령국지』를 보니 히데요시가 전쟁에 패하고서 성이 나 죽은
뒤로 쇼군의 지위가 3대를 전하지 못하고 내란이 일어나 미나모토노 이

에야스가 다이라 가문을 멸망시키고서 쇼군의 지위를 대신하였으니, 이때 이후로 화의가 더욱 굳어져 백성과 더불어 편안히 쉬게 되었다. 이후 그의 손자 요시무네가 쇼군이 되었는데 우리나라 통신사를 매우 정성스럽게 접대하여 교린하는 예의를 게을리하지 않고 공경스럽게 하니, 우리나라 동남쪽의 주군도 편안해져 전쟁을 경계하지 않게 된 것이 이백 년에 달한다. 그리고 우리나라 또한 임진년 이후로 삼가 명나라의 약속을 준수하여 예전에 틈이 벌어진 일은 차치하고 빙문(聘問)하여 사절이 왕래하게 되어, 그들의 산천, 풍토, 도회, 시골, 도로, 촌락, 장기(瘴氣)를 머금은 비, 남쪽 나라의 안개 등과 같은 이국의 풍속이 기록되어 행탁(行橐)에 들어간 것이 갈수록 풍부해졌다. 『청령국지』가 완성된 것은 바로 이러한 시기이니, 그래서 내용이 가장 상세하여 기뻐할 만한 것이다. 또한 신종황제께서 보호하여 키워주시고 무젖게 해주신 은택이 이처럼 멀고 원대함을 알게 된다.

또 생각건대, 역대 정사(正史)에는 반드시 외국의 오랑캐에 대한 열전이 포함되었다. 이는 대일통(大一統)의 뜻을 따른 것만이 아니라, 또한 중국의 이해와 관련되어 있는 그들의 반란과 복종, 오고 감에 대해서는 마땅히 자세히 열거해야 하며, 기미책으로 제어하는 기술을 몰라서는 안 되기 때문이다. 우리나라는 동쪽의 외진 땅에 위치하여 중국을 사대(事大)하는 것 외에는 오로지 일본과 교린관계를 맺는데, 지금껏 그들에 대한 기록이 없었으니 어찌 빠진 점이 없다고 하겠는가. 그런즉 이 책은 반드시 후세에 전해질 것을 알겠으며, 훗날 역사를 쓰는 자도 여기서 취할 점이 있을 것이다. 이군의 이름은 덕무이다. 왕실의 성씨인 전주 이씨로, 출세하여 규장각 검서가 되었다. 박학하며 시에 능하고 또 저서에 장처가 있다.

이는 진실로 나라를 다스릴 수단이니, 이웃나라와 잘 사귀고 또 그들의 정세를 잘 살피자는 것이 그 요체이다. 중간의 필묵이 나는 듯하고 춤추는 듯하여 언외(言外)에 슬픔을 드러내니 사람을 감동시키기에 충분하다. - 형암(炯菴)[1]

蜻蛉, 古日本國名. 當周 幽王時, 有狹野者立國于和州 畮傍山之東南橿原, 國號豊秋津洲. 日本人謂蜻蛉爲秋津, 以其地形似之也.

後漢 光武時, 始通中國, 史稱倭奴, 亦稱野馬是也. 至唐 咸平中, 自謂居近日出, 更國號曰日本, 後世因之.

地環海居天下之東北, 與我國相鄰, 故其風俗版興, 逴逴見於我國記籍, 如『海東諸國記』『日本行錄』之類甚衆.

今積城令李君懋官薈萃博采, 撰『蜻蛉國志』二卷, 而以序屬余. 余開按圖史, 岱淵以東, 琉球 呂宋 蝦夷之屬雜國以十數, 日本最大. 又能通異國資有無, 貨財輻湊, 民殷兵強, 勝國以來數爲邊患. 至皇明 萬曆間, 平秀吉爲關伯, 聲言入寇中原, 先犯朝鮮, 七道糜爛, 三都蒿萊. 我昭敬王西駐義州, 乞救于天朝, 神宗皇帝赫然震怒, 遣提督李如松統兵討之, 王師所臨, 撻飄席卷, 東土數千餘里不日而復. 復遣游擊將軍沈惟敬, 卽其國議和, 璽書錫封, 威恩并加, 深得古聖王君天下之體, 何其盛也!

今覽國志, 秀吉兵敗毒死, 不再傳而國內亂, 源家康滅平氏而代之, 自是和議益固, 與民休息, 傳其孫吉宗, 待我使甚款, 交鄰之禮勿懈益虔, 東南州郡晏然無干戈之警, 二百年于玆, 而我國亦自壬辰以後, 恪遵天朝約束, 置前日之釁, 聘問相加, 使節往來, 凡其山川風土, 都鄙道里, 瘴雨蠻烟之異俗, 登于紀述, 入于裝橐者益富以盛, 志之成適際是時, 故最纖詳可喜, 而抑知神宗皇帝保育涵濡之澤, 如是之久且遠哉!

又按歷代正史, 必傳外夷, 蓋不惟大一統之義, 亦以其叛服去來能爲中國利害者, 所宜詳列, 而羈縻制馭之術不可不知也, 我國僻處東陲, 事大之外, 惟與日本相鄰, 而訖于今志尙亡有, 詎非闕歟? 然則是書也, 吾知其必傳, 而後之修史者亦將有取於斯云爾, 李君名德懋, 完山國姓, 起家爲奎章閣撿書, 博學, 工詩尤長著書.

此眞經國手段, 交隣覘隣, 蓋大略也, 中間筆墨翻舞, 露出言外之悲, 有足動人, 炯庵.

(『楓石鼓篋集』 권1, 한국문집총간 288, 217~218면)

부록 2

유득공의 『청령국지』 서문

    문밖을 나서지 않고서도 사방의 오랑캐에 대한 일을 아는 것은 독서인(讀書人)이 아니고서는 불가능하며, 독서인이라도 뜻 있는 선비가 아니고서는 또 불가능하다. 아아! 고인이 된 내 벗 이무관(李懋官)을 어찌 독서인이라고만 하겠는가. 내가 일찍이 무관과 함께 명을 받들어 역대 병지(兵志)를 편찬하여 초고가 완성된 뒤 임금님을 뵈었는데, 임금님께서 말씀하셨다.

    "중국은 주나라부터 명나라에 이르기까지, 우리 동국(東國)은 신라, 백제, 고구려부터 고려까지 이제 모두 알 수 있게 되었다. 그런데 여진과 몽고와 일본과 류쿠는 어찌 남북의 이웃나라가 아니겠는가? 그들의 군사와 진형의 제도에 대해 알지 못해서는 안 된다. 그대들은 속집을 편찬하여 아뢰도록 하라."

임금님을 뵙고 나서 물러난 뒤 내가 무관에게 말하였다.

"규장각에는 이러한 종류의 책들이 없는 듯한데, 어쩌면 좋겠소?"

무관이 말하였다.

"나에게 그런 책이 있소."

그러고서 그는 상자를 뒤져 깨알같이 작은 글씨로 된 책을 보여주었는데, 북쪽 오랑캐부터 바다 밖의 여러 나라에 대한 일들이 모두 상세히 적혀 있었다. 마침내 이를 편집해 책을 이루어 진상하였다.

또, 한번은 함께 앉아 있었는데 담 쌓는 인부가 스스로 말하길 표류하여 일본 나가사키에 이른 적이 있었다는 것이었다. 무관이 아란타 사람의 모습을 거론하며 그에게 묻자, 인부가 깜짝 놀라며 말하였다.

"공께서는 언제 저들 나라에 다녀오셨습니까?"

자리에 앉아 있던 사람들이 모두 크게 웃었다. 그가 사방의 오랑캐에 대한 일을 아는 것이 모두 이와 같았다.

세상 사람들이 무관을 독서인으로 여긴다면 이는 참이긴 하나, 그더러 박식에 의존하고 기이한 소문을 널리 알았다고만 한다면 무관을 제대로 아는 것이 못 된다. 지금 그는 세상을 떠났으니 누구와 더불어 지금 시대에 힘써야 할 일에 대해 종횡무진으로 이야기하겠는가?

그가 지은 책으로 『청령국지』 2권이 있는데, '청령국'이란 일본의 별칭이다. 그 나라 지형이 잠자리를 닮아서 그런 이름이 붙었다고 한다. 일본은 후한 이래로 대방에 속해 있었고, 진수가 처음으로 그들에 대해 전(傳)을 지었다. 그러나 먼 바다 밖에 있어 중국의 정벌군이 이르지 못하였기에 아무도 그들에 대해 요체를 파악하지 못하였다. 무관은 그들의 국사(國史)를 이용하여 이 책을 편찬했는데, 왜황(倭皇)의 연대, 간파쿠[關伯]의 시말(始末), 산천, 도로, 촌락, 민요, 물산, 서남쪽 여러 번(藩)들의 교역에 이르기까지 모두 사실에 근거하여 서술하였다. 고증이 정밀하고 상세하여 뜬소문이나 허황된 말이 없으니, 나라를 다스리는 사람이 이에 의지하면 이웃나라와 잘 지내기에 족하고, 국경을 나서는 자가 이를 이용하면 외국의 정세를 살피기에 족할 것이다. 그러니 어찌 이 책을 보고 패관잡기(稗官雜記)라 지목할 수 있겠는가?

나는 오늘날의 사대부가 해역 방비의 직임을 맡게 되었을 때 표류선이 한번 도착하면 그 배의 돛을 바라보고 그들의 의복을 보며 그들의 말을 보고 그들의 모습을 살펴보고도 어느나라 사람인지 모르는 것을 남몰래 괴상하게 여겨왔다. 그들의 사정과 형편을 파악하는 일이 조금만 잘못되어도 심문을 받고서 처벌을 받는데, 어찌 이 기록을 가져다 읽고서 해외 여러 나라의 사정과 형편에 대해 파악하지 않겠는가?

不出戶而知四夷之事, 非讀書人不能; 苟讀書矣, 而非有志之士, 亦不能. 嗟! 吾故友李懋官豈徒讀書人云乎哉? 余嘗與懋官承命撰次歷代兵志, 艸藁成, 入侍, 上曰: "中國而自周至于皇明, 我東而自新羅·百濟·高句麗, 至于勝國, 今皆可知矣. 女眞·蒙古·日本·琉球, 獨非我南北之隣乎? 不可不知其軍陳之制, 爾等其續撰以奏." 旣退, 余謂懋官曰: "內閣恐無此種書, 奈何?" 懋官曰: "我有之矣." 搜其篋, 得蠅頭書, 北虜及海外諸國事甚悉. 遂採輯成書以進.

又嘗與同坐, 有築垣役夫自言漂到日本之長碕島者, 懋官擧阿蘭陀人狀貌以詰之, 役夫大驚曰: "公於何年游彼國乎?" 坐皆大笑. 其知四夷之事皆此類也.

世以椵官爲讀書人則信矣, 謂之資博識廣異聞而已, 則不知椵官者也. 今焉長逝矣, 誰與縱談當世之務乎?

所著書有『蜻蛉國志』二卷. 蜻蛉國者, 日本別稱, 其國地形有似蜻蛉故云. 日本自後漢時屬於帶方, 陳壽始立傳. 然處乎重溟之外, 中國征討之所不及, 故莫得其要領. 椵官撰此志, 因其國史, 僞皇年代,關白始末, 以至山川,道里,風謠,物産,西南諸蕃往返交易, 莫不據實而書, 考覈精詳, 無風聞鑿空之語, 爲邦者資之, 足以善隣; 出疆者資之, 足以覘國, 惡可以椑官雜記目之哉?

竊惟夫今之士大夫出典海防, 漂船一到, 望其帆, 見其衣, 聞其語, 審其貌, 而不知爲何國之人. 問情一差, 下理勘律, 何不取此記而讀之, 以知海外諸國之情狀乎?

(『泠齋集』 권7, 한국문집총간 260, 116~117면)

부록 3

『화한삼재도회』 목차

권1	八道六十六州分圖	권2	關白宗室錄	권2
	日本天下之東北		各州城府	
	形局地局地脈		各州關所	
	日本與我大小		各州氏族	
	日本山少水亦少		武州内官職	
	天文		氏姓之異	
	國號		文字之始	권3
	節侯		學問之人	
	地理		異端之說	
	道里		詩文之人	
	人物		倭字	
	風俗		諺文	
	徐福祠		片假名	
	倭皇本末		神祠	
	僞年號		佛法	
	關白之始		前後入中國名僧	
	素盞烏尊		四禮	
	日本武尊		衣服	
	平信長		飮食	
	源賴朝本末		澡浴	
	秀賊本末		言語	
	武州本末		拜揖	
	對馬守本末		輿馬	
	壬辰入寇時賊情		宮室	
	中國通使征伐		種樹	
	羅濟麗通使		器用	

권2 열: 農作 / 蚕織 / 貨幣 / 道路 / 橋梁 / 舟楫

권3 열: 醫藥 / 賦稅 / 兵制 / 兵器 / 治盜 / 訊囚 / 奴婢 / 節日 / 倭皇官職 / 方音 / 飮食之名 / 禽獸 / 我朝征倭錄 / 國初倭人來朝 / 我朝通信 / 倭館事實 / 李忠武遺事 / 諸萬春傳 / 安龍福傳

『청령국지』인용 목록[1]

목차	원문	출처
世系圖	천황의 가계도	『名數』「歷世第七」日本帝王世系
世系	天神七代−生産之事	『三才』卷64「地理」天神七代; 『名數』「神祇第六」; 『和國志』「倭皇本末」(80)
	地神五代−日向山也	『三才』卷64「地理」地神五代; 『名數』「神祇第六」; 『和國志』「倭皇本末」(81−82)
	人皇之始−王之時也	『三才』卷64「地理」人皇
	綏靖治世−季子元祿	『名數』「歷世第七」日本帝王世系
	僞季號起−三貞享四	『名數』「歷世第七」本朝年號
	其僞南朝−三元中九	『名數』「歷世第七」南朝年號
	繼體倭皇−善化元季	『海東諸國記』「日本國紀」天皇代序
	孝靈時秦−爲比丘尼	『和國志』「倭皇本末」(75−76)
	倭皇每月−神主待之	『和國志』「倭皇本末」(78−80)
姓氏	允恭四季−氏姓自定	『三才』卷9「官位部」姓氏
	源平藤橘−皇皆源姓	『三才』卷9「官位部」藤原氏 · 橘氏 · 源氏 · 平氏
	而關白亦−最微且小	『和國志』「姓氏之異」(315−316)
	攝家有五−世臣家也	『三才』卷7「人倫類」攝家−名家
	其氏皆冒−而不書姓	『和國志』「姓氏之異」(316)
	自中國入−人曰餘氏	『和國志』「姓氏之異」(317)

목차	원문	출처
職官	推古倭皇−官之始也	『三才』卷9「官位部」官位−贈官
	神祇官置−名給事中	『三才』卷9「官位部」神祇官−小納言; 『名數』「官職類第十二」日本百官
	左近衛大−唐名元帥	『三才』卷9「官位部」大將−少將; 『名數』「官職類第十二」日本百官
	外記外史−掌宮中事	『三才』卷9「官位部」辨官; 『名數』「官職類第十二」日本百官
	華族中有−省所屬焉	『三才』卷9「官位部」史−宮内省
	彈正有大−之中補之	『名數』「官職類第十二」日本百官
	藏人所者−人非藏人	『三才』卷9「官位部」藏人所
	出納小舍−瀧口諸職	『名數』「官職類第十二」日本百官
	其諸國之−親王任之	『名數』「官職類第十二」日本百官
	位階之次−位少初位	『名數』「官職類第十二」日本百官
	諸官屬配−曰尉曰志	『名數』「官職類第十二」本朝諸官屬四分配當
	一季二度−在京諸司	『名數』「官職類第十二」本朝春秋二度除目
	僧官者有−橋準五位	『三才』卷9「官位部」僧官位

목차	원문	출처
人物	日本之人–絶異內國	『和國志』「人物」(41–43)
	關白之名–柔順之俗	『和國志』「關白之始」(93–94)
	鎌倉十將–四十九季	『名數』「歷世第七」鎌倉十將軍
	足利十三–三十一季	『名數』「歷世第七」足利十三世
	艸創五君–日家康也	『名數』「歷世第七」艸創五君
	北條平氏–時相模守	『名數』「歷世第七」北條九代
	素盞烏尊–名村雲劍	『和國志』「關白之始」(94)
	日本武尊–三十而死	『和國志』「關白之始」(95)
	平信長元–長者誤也	『和國志』「平信長」(96)
	源賴朝淸–對遂誅之	『和國志』「源賴朝本末」(99–102)
	秀吉本姓–天下之體	『和國志』「秀賊本末」(103–112)
	源家康初–巳生子云	『和國志』「武州本末」(115–125)
	應神倭皇–高帝之後	『和國志』「羅濟麗通使」(177)
	敏達時高–悉搦其字	『和國志』「羅濟麗通使」(178)
	靈龜二年–二十四條	『和國志』「姓氏之異」(318)
	小野篁者–後皆廢壞	『三才』卷66「地部」下野
	垂水廣信–故卒不合	『和國志』「學問之人」(321); 『三才』卷71「地部」伊勢國
	藤原肅字–首座之門	『和國志』(321); 『三才』卷77「地部」播磨國
	林道春姓–充子信愛	『和國志』「姓氏之異」(318–319); 「學問之人」(323); 『三才』卷67「地部」武藏
	木貞斡號–由此而敗	『和國志』「學問之人」(323–324)
	物部雙柏–繼家學云	『和國志』「異端之說」(325–326)

목차	원문	출처
藝文	詩文儒學—夷風漸變	『和國志』「詩文之人」(326)
	天武第二—大伴姬始	『和國志』「詩文之人」(327)
	大抵日本—書者甚衆	『和國志』「詩文之人」(330)
	聖武天平—并應任用	『三才』卷7「人倫類」儒士
	推古十年—甲方術書	『三才』卷15「藝器」曆本
	欽明十一—王有陵陀	『三才』卷7「人倫類」醫
	推古十八—墨及碾磑	『三才』卷15「藝器」紙
	崇峻元年—工白如來	『三才』卷15「藝器」畫
	文德時百—者咸取法	『三才』卷15「藝器」畫
	桓武時弘—勢得筆妙	『三才』卷15「藝器」本朝能書
	聖德太子—僧俗同然	『三才』卷73「地部」大和 平群郡
	仲麻呂或—護終於唐	『三才』卷73「地部」大和 城下郡
	平實時性—學徒羣集	『三才』卷67「地部」相模
	紫式部越—源氏物語	『三才』卷71「地部」近江
	日本三部—代至持統	『名數』「經籍類第十一」本朝三部本書
	又有日本—凡三十年	『名數』「經籍類第十一」本朝六國史
	辻街衢也—讚之詞也	『三才』卷15「藝器」倭字
	以呂波四—セ世ス須	『三才』卷15「藝器」以呂波・片假名
	神代文字—始用漢字	『三才』卷15「藝器」片假名・本朝用秦文字始
	吳漢兩音—終聲散揚	『三才』卷15「藝器」漢音吳音

목차	원문	출처
神佛	倭皇之生—神道奉之	『和國志』「神祠」(337)
	人神雜糅—神道而已	『和國志』「神祠」(338)
	父母忌日—切禁魚肉	『看羊錄』「詣承政院啓辭」
	六十六州—六十一處	『名數』「神祇第六」日本六十六州大小神祇總數
	神宮二萬—百五十八	『看羊錄』「賊中封疏」
	倭京四百—太守抗禮	『和國志』「風俗」(58)
	住吉大明—和歌三神	『三才』卷16「藝能」和歌
	崇神有女—不知所終	『和國志』「風俗」(56-57)
	其機殿則—日別御櫛	『和國志』「風俗」(57)
	春日四所—姬御神也	『名數』「神祇第六」春日四所明神
	軍神者武—經津主也	『名數』「神祇第六」軍神
	敏達十二—聖德太子	『三才』卷13「異國人物」朝鮮
	日羅生時—輻湊神門	『看羊錄』「賊中封疏」
	紀伊州有—之禁之也	『和國志』「徐福祠」(71-72)
	大己貴命—明神是也	『三才』卷7「人倫類」醫
	繼體十六—佛像經論	『三才』卷19「神祭」佛供器
	及至弘法—室家子女	『和國志』「佛法」(339)
	法道天竺—召入宮中	『和國志』「佛法」(340)
	弘法大師—眞龍而去	『和國志』「佛法」(341-342)
	親鸞本姓—自親鸞始	『和國志』「佛法」(342)
	俊芿飽田—八羅漢像	『三才』卷72之末「山城 佛閣」泉涌寺
	蕉堅道人—今猶未歸	『和國志』「佛法」(343-344)
	日本名僧—禎六季入	『和國志』「佛法」(344)

목차	원문	출처
輿地	陸奧當入–而側長矣	『和國志』「日本形局地脈」(29–30)
	其地始于–濟州之南	『三才』卷64「地理」大日本國
	曰豐葦原–近日所出	『三才』卷64「地理」大日本國
	成務時分–諸國郡境	『三才』卷64「地理」人皇
	用明時定–六十六國	『看羊錄』「賊中聞見錄」
	畿內五國––小下國也	『看羊錄』「賊中聞見錄」倭國八道六十六州圖
	總六十八–二十二郡	『三才』卷64「地理」五畿七道
	其鄉九萬–鮮之十里	『看羊錄』「賊中封疏」
	唐六尺爲–町爲一里	『名數』「數量類第十三」里數
	田長三十–百九十石	『三才』卷55「地部」畷
	薩摩與中–到釜山浦	『三才』卷64「地理」五畿七道
	日本極東–倭里計之	『看羊錄』「賊中封疏」
	日本二都–湖在陸奧	『名數』「地理第三」
	其大島有–島八丈島	『看羊錄』「賊中聞見錄」
	倭京居––不甚畏忌	『和國志』「風俗」(55–56)
	江戶本鎌–可以通舟	『和國志』「風俗」(61–62)
	大坂城在–樓以瞰外	『和國志』「風俗」(48–53)
	肥前之長–皆敗於此	『和國志』「風俗」(37–38)
	對馬島海–入寇朝鮮	『和國志』「風俗」(43)
	富士山在–無踰於此	『三才』卷56「山類」富士山
	琵琶湖以–絕勝無比	『三才』卷57「水類」海
	田稅謂之––二十四斗	『和國志』「賦稅」(404–405)
	收賦極其–以度朝夕	『看羊錄』「賊中封疏」
風俗	倭人習性–其俗所尙	『海東諸國記』；『三才』卷64「地理」大日本國
	一曰神二–戶之爲國	『和國志』「風俗」(58)
	一曰武二–三曰智詐	『和國志』「風俗」(69)

목차	원문	출처
風俗	立法雖嚴─易處而寢	『和國志』「武州本末」(125-127)
	日本之節─中國一日	『和國志』「節侯」(32)
	十二月俗─外福令内	『名數』(12, 26)
	凡兒生六─謂之元服	『三才』卷12「支體部」髟
	刷以脂膩─髮則剪之	『和國志』「四禮」(345)
	自倭皇至─每日髡之	『三才』卷12「支體部」髟
	寒則緇巾─光頭而已	『和國志』「四禮」(346)
	天武十一─著漆紗冠	『三才』卷12「支體部」髟
	其成人之─貼垂背後	『和國志』「四禮」(346-348)
	女年十三─或至于十	『和國志』「四禮」(348-349)
	國俗畏尸─制以置云	『和國志』「四禮」(350-352)
	食多淡味─專尙甘酸	『和國志』「飮食」(356)
	不食六畜─罕畜六畜	『和國志』「飮食」(356)
	噉飯不過─弗至爛熟	『和國志』「飮食」(357)
	惟馬島之─饒食無厭	『和國志』「飮食」(361)
	俗尙澡浴─必有浴室	『和國志』「澡浴」(361)
	跪坐時雖─據地而對	『和國志』「拜揖」(363-364)
	聲音全淸─猶有助語	『和國志』「言語」(362)
	如華言喫─他皆類此	『和國志』「方音」(416)
	山曰夜麻─何要何要	『和國志』「方音」(417)
	職秩品級─廣間極尊	『和國志』「風俗」(68)
	其相稱號─民通用也	『看羊錄』「賊中封疏」
	關白之妻─曰某君樣	『和國志』「風俗」(65)
	宮室多一─鳥獸花草	『和國志』「宮室」(367-369)
	國内水田─水以糞田	『和國志』「農作」(371-373)
	錢用寬永─倭錢六文	『和國志』「貨幣」(375)

목차	원문	출처
風俗	當中華錢―俱入中原	『三才』卷59「金類」錢
	治道爲――路皆松陰	『和國志』「道路」(376)
	大低種樹―商賈流通	『和國志』「種樹」(370)
	治橋亦如―可以騁望	『和國志』「橋梁」(379–380)
	凡盜人財―以次傳送	『和國志』「治盜」(408–409)
	輕罪用大―足無贖免	『和國志』「訊因」(409–412)
器服	日本三種―鰌鼇作之	『名數』「數量類第十三」日本三種尺
	十斗曰石―倭五斗也	『三才』卷15「技藝」量
	以倭京升―合零九抄	『三才』卷15「技藝」升
	日本四錢―唐目一斤	『三才』卷15「藝器」衡
	自鳴鍾俗――錘自升	『三才』卷15「技藝」自鳴鍾
	日本之樂―羯鼓鉦鼓	『名數』「器服第十」本朝樂器
	推古二十―得琵琶曲	『三才』卷18「樂器類」
	兵器有揷―屬軍功也	『三才』卷20「兵器 防備」幟
	胄額所立―劍獸角等	『三才』卷20「兵器 防備」立物
	頰當者假―者名猿頰	『三才』卷20「兵器 防備」頰當
	步卒野戰―漆則最堅	『三才』卷20「兵器 防備」甲
	天文十二―不失垜的	『三才』卷21「兵器 征伐」鐵砲・佛狼機・砲石
	弓皆木幹―而羽甚廣	『和國志』「兵器」(407)
	弓長七尺―陰陽之名	『三才』卷21「兵器 征伐」弓
	矢有平題―蟇股之名	『三才』卷21「兵器 征伐」鏃
	佩刀必以―以爲無用	『看羊錄』「賊中封疏」
	日經一鍊―天下利刃	『和國志』「兵器」(407)
	每人有――小曰脇挾	『三才』卷21「兵器 征伐」刀
	鞘用厚朴―銅鐵及角	『三才』卷21「兵器 征伐」鞘
	欛刀柄也―而上纏緱	『三才』卷21「兵器 征伐」欛

목차	원문	출처
器服	鐔劍鼻也-鑄作者賤	『三才』卷21「兵器 征伐」鐔
	野刀者長-至今尚之	『三才』卷21「兵器 征伐」長刀
	國中有造-船籍最明	『和國志』「舟楫」(382-387)
	其小舟有-茶舟之名	『三才』卷34「船橋類」
	肩輿者杠-庶人乘之	『和國志』「輿馬」(365-366)
	亦有運載-用虎熊皮	『三才』卷33「車駕類」疊・鐙
	垂仁三年-陶人從來	『三才』卷7「人倫類」陶工
	行基菩薩-器庄是也	『三才』卷31「庖廚具」壺
	漆椀始於-惟喬親王	『三才』卷31「庖廚具」盌
	神功伐三-羽始作扇	『三才』卷26「服玩具」扇
	堺納屋助-傘制是也	『三才』卷26「服玩具」傘
	大抵器皿-飮卽投地	『和國志』「器用」(371)
	百工必表-富擬家康	『看羊錄』「詣承政院啓辭」
	聖武天平-定冠色品	『三才』卷29「冠帽類」冕
	懿德始製-中下三等	『三才』卷29「冠帽類」冠
	元正時始-亦用華服	『三才』卷29「冠帽類」幞頭
	烏帽子本-人不許著	『三才』卷29「冠帽類」烏帽子
	唐冠竹結-撚紙結頷	『和國志』「四禮」(346-347)
	倭皇袍用-初位淺縹	『三才』卷28「衣服類」袍
	小忌衣神-紐於右肩	『三才』卷28「衣服類」小忌衣
	下襲者重-也用菱紋	『三才』卷28「衣服類」下襲
	裾者下襲-丈二尺許	『三才』卷28「衣服類」裾
	背子形如-表衣用錦	『三才』卷28「衣服類」褙子
	缺腋兩腋-之用黑色	『三才』卷28「衣服類」缺腋
	道服其製-本出僧衣	『三才』卷28「衣服類」道服
	白丁者純-之所著也	『三才』卷28「衣服類」白丁

목차	원문	출처
器服	表袴白色-下袴染緋	『三才』卷28「衣服類」表袴
	奴袴似尋-括裔者也	『三才』卷28「衣服類」奴袴
	褐衣者官-其長等身	『三才』卷28「衣服類」帽衣
	石帶有數-等無定例	『三才』卷28「衣服類」石帶
	石帶右方-下銀魚袋	『三才』卷28「衣服類」魚袋
	國中男女-用六尺布	『和國志』「衣服」(352)
	昵衣白色-布帶束腰	『和國志』「衣服」(352)
	表衣皆用-任則無長	『和國志』「衣服」(353)
	朝服隨品-劍冠唐冠	『和國志』「衣服」(353)
	其稱御役-背貼木片	『和國志』「衣服」(353)
	賤人無表-嬉笑不避	『和國志』「衣服」(354–355)
	女服亦畧-褰衣露脚	『和國志』「衣服」(355)
	僧服昵衣-丘尼亦同	『和國志』「衣服」(355–356)
	自倭皇至-曳地跚跚	『和國志』「衣服」(354)
物産	聖武時陸-播州爲最	『三才』卷59「金類」金·銀·丹·鐵
	珊瑚淺紅-之産爲最	『三才』卷60「玉石類」珊瑚·水晶
	石油出於-之産爲最	『三才』卷61「雜石類」石油·燃土·金剛石·砥·硫黃
	粳米畿内-之産爲上	『三才』卷103「穀類」粳
	秈天竺之-紅白二種	『三才』卷103「穀類」秈
	麥讚州丸-之産爲上	『三才』卷103「穀類」小麥
	西國米本-食健脾胃	『三才』卷103「穀類」西國米
	阿羅世伊-入羹中食	『三才』卷104「菽豆類」阿羅世伊止宇
	白酒用糯-如乳甘美	『三才』卷105「造釀類」醅
	牡丹餠以-赤小豆泥	『三才』卷105「造釀類」牡丹餠
	索餠素麪-佳汁食之	『三才』卷105「造釀類」索餠
	加須底羅-最爲上品	『三才』卷105「造釀類」加須底羅

목차	원문	출처
物産	勝其岳伊-名杉煮云	『和國志』「飮食之名」(418)
	杉重者以-彩畵者也	『和國志』「飮食之名」(420)
	甘藷蔓葉-者乃魁也	『三才』 卷102 「柔滑菜」 甘藷
	烟草天正-種不能止	『三才』 卷99 「葷草類」 烟草
	艸綿桓武-然有小毒	『三才』 卷94之末 「濕草類」 艸綿
	土茯苓可-上攻耳目	『三才』 卷96 「蔓草類」 土茯苓
	倭俗重櫻-只稱花爾	『三才』 卷87 「山果類」 櫻
	榧和州吉-而來蜈蚣	『三才』 卷88 「夷果類」 榧
	覇王樹處-菊黃金色	『三才』 卷88 「夷果類」 覇王樹
	番蕉其狀-丈五六尺	『三才』 卷88 「夷果類」 番蕉
	番椒出於-行人繭足	『三才』 卷89 「味果類」 番椒
	膃肭臍奧-大如小指	『三才』 卷38 「獸類」 膃肭臍
	鰮似馬鮫-利用甚大	『三才』 卷49 「魚類 江海-有鱗魚」 鰯
	鯨色蒼黑-出則鯨鯢	『三才』 卷51 「魚類 江海中-無鱗魚」 鯨
	鰹魚圓肥-用之佳肴	『三才』 卷51 「魚類 江海中-無鱗魚」 堅魚
	日本有暈-面錦之名	『三才』 卷27 「絹布類」 錦
	用明礬煮-火浣布也	『三才』 卷27 「絹布類」 火浣布
	藤布出於-嘿之如新	『三才』 卷27 「絹布類」 葛布
	曝布出於-故曰曝布	『三才』 卷27 「絹布類」 曝布
	墨從南都-胡麻油烟	『三才』 卷15 「藝器」 墨
	越後之白-田者爲良	『三才』 卷15 「藝器」 筆
	硯産長州-月不易乾	『三才』 卷15 「藝器」 硯
	檀紙厚白-雁皮木也	『三才』 卷15 「藝器」 紙
兵戰	日本所傳-八曰方圓	『名數』「人事第五」 日本古昔所傳八陣
	與力者騎-刃出砲聲	『和國志』「兵制」(405-406)
	戰有功者-收養銳勇	『看羊錄』「賊中封疏」

목차	원문	출처
兵戰	戰裝多以–眩奪人目	『看羊錄』「賊中封疏」
	元世祖下–漢四萬軍	『三才』卷13「異國人物」震旦
	仲哀八年–那爲宮藏	『三才』卷13「異國人物」朝鮮
	應神二十–有白馬塚	『和國志』「羅濟麗通使」(182)
	慶長十四–互爲交易	『三才』卷13「異國人物」琉球
	齊明時百–本遂居之	『和國志』「羅濟麗通使」(179)
	弘治二年–獸所擊逐	『和國志』「中國通使征伐」(168–169)
	明嘉靖中–之所爲也	『和國志』「中國通使征伐」(169)
異國	垂仁時當–衡卽晁卿	『和國志』「中國通使征伐」(161–163)
	明洪武元–妙佐獻詩	『和國志』「中國通使征伐」(167)
	四年關西–倭船不入	『和國志』「中國通使征伐」(167–168)
	垂仁三年–樹來人也	『三才』卷13「異國人物」朝鮮
	應神十五–段揚爾來	『三才』卷13「異國人物」朝鮮
	欽明十三–并識藥者	『三才』卷13「異國人物」朝鮮
	敏達元年–致烏羽書	『三才』卷13「異國人物」朝鮮
	十二年百–濟日羅來	『三才』卷13「異國人物」朝鮮
	敏達元年–俗逐還之	『三才』卷13「異國人物」朝鮮
	崇神六十–新羅所滅	『三才』卷64「地理」任那國
	天智五年–賜五穀種	『三才』卷13「異國人物」耽羅國
	聖武神龜–夢周來聘	『三才』卷13「異國人物」朝鮮
	自古天竺–賣於日本	『三才』卷64「地理」天竺
	寬永十五–逃入家内	『三才』卷64「地理」天竺
	琉球當福–有七小島	『三才』卷64「地理」琉球
	其俗不貴–天太神宮	『三才』卷13「異國人物」琉球
	其土産日–蕉琉球筵	『三才』卷64「地理」琉球
	蝦夷一名–號毛人國	『三才』卷13「異國人物」蝦夷

목차	원문	출처
異國	在日本東-四十三里	『三才』卷64「地理」蝦夷
	男女被髮-衣毛飮血	『三才』卷13「異國人物」蝦夷
	身長六尺-國無文字	『三才』卷13「異國人物」蝦夷
	承恩而忘-南無義經	『三才』卷13「異國人物」蝦夷
	其土産日-臍昆布鰒	『三才』卷64「地理」蝦夷
	大宛在廈-百四十里	『三才』卷13「異國人物」大宛
	安南古交-胡椒藤黃	『三才』卷13「異國人物」交趾
	東京卽交-陶器漆器	『三才』卷13「異國人物」東京
	占城漢林-火油火珠	『三才』卷14「外夷人物」占城
	柬埔寨卽-竭樊枝花	『三才』卷14「外夷人物」柬埔寨
	太泥南天-香猫鸚鵡	『三才』卷14「外夷人物」太泥
	六甲卽太-藤席乳香	『三才』卷14「外夷人物」六甲
	暹羅南天-牛皮蘓方	『三才』卷14「外夷人物」暹羅
	阿媽港廣-九百餘里	『三才』卷14「外夷人物」阿媽港
	咬嚼吧距-阿吉刺酒	『三才』卷14「外夷人物」咬嚼吧
	浡泥在中-産曰龍腦	『三才』卷14「外夷人物」浡泥
	榜葛刺卽-金巾木綿	『三才』卷14「外夷人物」榜葛刺
	莫卧爾在-布花毛氈	『三才』卷14「外夷人物」莫卧爾
	聖多默卽-來賣日本	『三才』卷14「外夷人物」聖多默
	印第亞天-皮革最佳	『三才』卷14「外夷人物」印第亞
	琶牛在南-象牙亞鉛	『三才』卷14「外夷人物」琶牛
	波斯卽印-香葡萄酒	『三才』卷14「外夷人物」波斯
	晏蠻陀人-八千餘里	『三才』卷14「外夷人物」晏陀蠻
	阿蘭陀西-土圭星尺	『三才』卷14「外夷人物」阿蘭陀

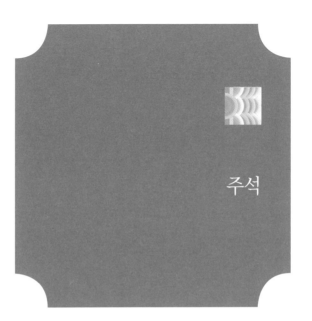

주석

해제: 18세기 조선 문인들은 '일본'이라는 타자를 어떻게 이해했나

1 이하 간단한 설명이 필요한 경우 콜론 뒤에 역주를 병기한다. 별다른 표시가 없는 경우 역주는 모두 본서에서 단 것이다.

2 "余嘗於李綸菴喜經家, 見一役夫, 卽江原道東海邊人也. 漂海至日本, 路經長碕島, 多見異國人. 余問: '見阿蘭陀否?' 曰: '見之.' 余試詳說容貌服餙, 其人曰: '果然果然. 公亦嘗遊長崎乎?' 余笑曰: '雖未身到, 自然知之.'"(李德懋, 『靑莊館全書』 권58, 「盎葉記」 五, 「黑坊」, 한국문집총간 259, 31면)

3 이덕무의 『청령국지』에는 『화국지』와 『화한삼재도회』를 비롯해 기존의 일본 관련 자료가 많이 인용되어 있다는 사실은 이미 선행연구에서 지적된 바 있다(하우봉, 「李德懋의 《蜻蛉國志》에 대하여」, 《전북사학》 제9집). 또 박희병, 「조선의 일본학 성립: 원중거와 이덕무」(《한국문화》 61, 서울대 규장각 한국학연구원, 2013), 212−217면에서는 『화국지』와 『청령국지』의 차이점과 특징이 검토된 바 있다.

4 "土茯苓, 可已楊梅瘡. 得效者, 以爲家秘. (…) 瘡旣出盡, 結痂時, 宜用之, 永免癱痛之患."(李德懋, 『蜻蛉國志』 「物産」; 寺島良安, 『和漢三才圖會』 권64 「蔓草」 土茯苓)

5 "外夷用橫文字, 不識中華文字, 而食物亦不用箸, 而手攫食也."(寺島良安, 『和漢三才圖會』
   권14 「外夷人物」)

6 "其國人色晳毛髮紅, 鼻高眼圓."(寺島良安, 『和漢三才圖會』권14 「外夷人物」)

7 "深目火睛, 睛如狗, 皆長大."(元重擧, 『乘槎錄』, 계미년 4월 16일조)

8 일본의 지형이 잠자리와 비슷하다는 이야기는 『일본서기(日本書紀)』에 보인다(하우
   봉, 앞의 논문, 153면 참조). 『화한삼재도회』에서는 『일본서기』가 빈번하게 인용되어
   있는데, 이덕무는 『일본서기』가 아니라 『화한삼재도회』를 참조한 것으로 생각된다.

9 "神武天皇爲國號, 蓋秋津者蜻蛉蟲之和名也. 國形略似乎蜻蛉, 因以爲名."(『和漢三才圖
   會』권64 「地理」大日本國)

10 "亦曰蜻蜓國, 以地形似蜻蜓也."(元重擧, 『和國志』卷1, 「國號」, 32면) 『화국지』에서는 '蜻
   蛉'이 아니라 '蜻蜓'으로 되어 있다. '蜻蜓'도 '잠자리'를 말한다.

11 原念齋, 源了圓 · 前田勉 譯註, 『先哲叢談』(東京: 平凡社 東洋文庫, 1994), 193~194면.

12 "父母忌日或不齊素, 而神人之忌, 切禁魚肉. 六十六州, 大小神祇總數, 三千一百三十二座.
   社數, 二千八百六十一處. 神宮, 二萬七千六百十三. 佛宇, 二千九百五十八. 倭京, 四百四
   刹, 多名僧異迹, 其徒世修之, 多崇秩厚祿, 與執政太守, 抗禮."(李德懋, 『蜻蛉國志』 「神
   佛」; 『靑莊館全書』권64, 한국문집총간 259, 166면)

13 "父母死日, 或不齋素, 而神人之忌, 切禁魚肉."(姜沆, 『看羊錄』, 「詣承政院啓辭」, 한국문집
   총간 73, 125면)

14 "六十六州, 大小神祇總數, 三千一百三十二座. 社數, 二千八百六十一處."(貝原益軒, 『和漢
   名數』 「神祇第六」)

15 "佛宇二千九百五十八, 神宮二萬七千六百十三."(姜沆, 『看羊錄』, 「賊中封疏」, 한국문집총
   간 73, 93면)

16 "倭京四百四刹, 多名僧異迹, 其徒世修之. 故倭京之僧多崇秩厚祿, 入江戸行諸州, 與執政
   太守抗禮."(元重擧, 『和國志』卷1, 「風俗」, 58면)

17 『청령국지』의 내용이 주로 어느 책에서 인용되었는지는 이미 검토되어 있다(하우
   봉, 앞의 논문, 165~179면). 여기서는 인용된 구절을 더욱 자세히 조사하였다.

18 "兵制國禁尤嚴, 全然無聞."(元重擧, 『和國志』卷3, 「兵制」, 405면)

19 박희병, 앞의 논문, 216면.

1. 왜황(倭皇)은 평소 무엇을 하는가

1 子: '于'의 잘못으로 생각된다. 『和國志』 권1 「倭皇本末」에 "父傳于子"라는 표현이 보인다.

2 "倭皇之宮室衣服飮食器用, 比平人俱極樸素儉約, 宮中常寂然無譁. 盖自處以神佛, 而國中之人, 亦皆以神主待之. 又自人皇以後, 數千年世世相傳, 國人安之, 絕無窺覬爭奪之念. 其失權柄之後, 倭皇所存者, 只是神道而已."(元重擧, 『和國志』 卷1, 「倭皇本末」, 80면; 박재금 옮김, 『화국지−와신상담의 마음으로 일본을 기록하다』, 소명출판, 2006, 88면. 본서에서 다른 번역서의 번역을 인용할 때, 서지사항을 부기하고 필요한 경우 번역문을 일부 수정하였다. 한 번 번역본의 서지사항을 제시한 후에는 번역자의 이름과 면수만을 적었다. 이하 동일)

2. 대륙 출신의 조상을 가진 일본 문인들

1 "是皆儒士而與於唱酬者."(元重擧, 『和國志』 卷2, 「姓氏之異」, 317면; 박재금 옮김, 268면)

2 "秦兼虎自稱秦裔. 余曰:'君莫是徐子同舟人之後裔耶.' 曰:'家傳如此. 得姓如此而書契之前, 考據無處.'"(元重擧, 『和國志』 卷1, 「徐福祠」, 72면; 박재금 옮김, 83면)

3 "秦兼虎自道始皇之後, 可笑. 始皇之後, 何必以秦爲姓."(南玉, 『日觀記』, 계미년 12월 28일조; 김보경 옮김, 『일관기−붓끝으로 부사산 바람을 가르다』, 소명출판, 2006, 311면)

4 "江戶有劉維翰者來見, 而自稱漢裔. 餘璋王入倭不返, 後孫甚多. 西京餘瑟, 東武韓天壽, 備前井潛, 皆其後也. 和泉守書記陶國興, 年七十餘, 衣致仕服, 似野服制度. 余問其所從來, 答曰: 朱子後孫入日本, 傳之云. 由是觀之, 古之避亂入海者固多也."(成大中, 『日本錄』, 장21뒤; 홍학희 옮김, 『일본록−부사산 비파호를 날 듯이 건너』, 소명출판, 2006, 181−182면)

5 일본에서는 에도 시대의 인물을 부를 때 일반적으로 성(姓)에 호(號)를 붙여 부른다. 미야세 류몬[宮瀬龍門]의 경우 '미야세'는 그의 성이고 '류몬'은 그의 호다.

6 김인겸, 『일동장유가』 갑신년 3월 7일조; 최강현 역주, 『일동장유가』, 보고사, 2007, 353면.

7 "劉號龍門自道漢獻帝之裔, 流落蠻夷中, 豈其信乎."(南玉, 『日觀記』, 갑신년 3월 7일조; 김보경 옮김, 440면)

8 國史大辭典編輯委員會, 『國史大辭典』, 東京: 吉川弘文館, 1989, 제3권, 883면의 '韓天壽' 항목 참조.

9 김인겸, 『일동장유가』 갑신년 3월 12일조; 최강현 역주, 『일동장유가』, 보고사, 2007, 357–358면.

10 김인겸의 이 노래는 임형택, 「계미통신사와 실학자들의 일본관」,《창작과 비평》 85호, 창비, 1994), 327면에서도 언급되어 있다. 또 한천수가 오열하는 대목은 다른 사행록에도 묘사되어 있다. 이에 대해서는 夫馬進, 「1765年洪大容の燕行と1764年朝鮮通信使: 兩者が體驗した中國・日本の「情」を中心に」, 『朝鮮燕行使と朝鮮通信使』, 名古屋: 名古屋出版會, 2015 所收) 및 박상휘, 「조선후기 일본에 대 한 지식의 축적과 사고의 전환」(서울대 박사논문, 2015), 196–198면 참조.

3. 일본인의 성격을 살핀다

1 "凡人性稟, 輕儇巧黠, 善伺人意. 喜怒不節, 未嘗含蓄, 喜則言笑唯諾, 款款傾倒, 怒則叫噪跳躑, 不知生死. 絲恩必酬, 髮怨必報, 持身甚輕, 雖官高之人, 興居步趨, 少無節奏, 時或意發, 則不知裁制, 有同挑達小兒, 蓋其天性然也."(南龍翼, 『聞見別錄』, 風俗, 「性習」; 『국역 해행총재』 Ⅵ, 77면)

2 "守一定之規, 而不敢進一寸退一寸, 食自己之力, 而不欲與一芥取一芥. 大抵是婦人女子之態, 而無沉毅發揚之風."(元重舉, 『和國志』 卷1, 「人物」, 41면; 박재금 옮김, 55면)

3 "終日危坐, 無偷惰呵欠之色, 有故則或至達宵不寐, 而常自惺惺. 遇事則用力齊一, 各自盡已而, 絕無推委恔忌之習."(元重舉, 『和國志』 卷1, 「人物」, 42면; 박재금 옮김, 55면)

4. 쇠퇴하는 천황의 권력

1 "下館於阿彌陀寺. 凡接應之禮, 供帳之盛, 無減於藍島焉. 寺傍有祠曰: 安德天皇神堂, 問諸倭人, 則古有安德天皇者, 爲源賴朝所侵, 兵敗至此, 勢窮力竭. 其祖母負而入海, 從臣七人, 宮女數人, 并投海而死. 國人哀之, 爲小兒塑像, 立祠以祭, 令寺僧守之至今云."(姜弘重, 『東槎錄』, 갑자년 11월 2일조; 『국역 해행총재』 Ⅲ, 193면)

2 "今日適天皇溺死之日也, 僧輩設饌誦經, 終夕供之."(慶暹, 『海槎錄』, 정미년 3월 26일조,

『국역 해행총재』Ⅱ, 264면)

3 "向在己亥使行, 倭人以爲不可以本國不美之事揚於他國, 使不得歷見云. 故今番則初不提論."(曺命采, 『奉使日本時聞見錄』, 무진년 4월 6일조; 『국역 해행총재』Ⅹ, 82면)

4 "彌八求安德廟詩, 答曰: '除非親見廟宇, 則詩不可作.' 答曰: 當議于首僧云."(元重擧, 『乘槎錄』, 계미년 12월 28일조; 김경숙 옮김, 『승사록-조선후기 지식인, 일본과 만나다』, 소명출판, 2006, 199면)

5 "東墻七松挺立, 墻東有板覆小屋, 而鎖戶闃然. 問之, 諸倭皆諱之. 最後童倭掌書'安德天皇廟'. 試言欲入見, 則搖首揮手. 蓋渠輩諱言之也. 瀧彌八昨言欲問之首僧, 今日來言: 僧議以爲雖本邦之人, 非屢日齋潔, 則入門, 必致災禍云. 孤負昨日之約, 甚可媿. 秋月答以, 前人所見, 今人不見, 是由貴邦之法, 昔恢而今密也. 答曰: 明燭可服云矣."(元重擧, 『乘槎錄』, 계미년 12월 29일조; 김경숙 옮김, 200~201면)

6 "賴朝之事, 安德之禍, 是其國可諱之事."(南玉, 『日觀記』, 계미년 12월 29일조; 김보경 옮김, 313면)

7 "蓋自安德天王以後, 各州治兵爭長, 大者連城彠睢, 小者依附大守, 以聽死命, 垂六百年, 號爲戰國."(元重擧, 『和國志』卷1, 「秀賊本末」, 104면; 박재금 옮김, 103면)

5. 도요토미 히데요시[豊臣秀吉]의 시대

1 '분로쿠[文祿]'는 고요제이[後陽成] 천황의 연호로, 앞에 '위(僞)'라는 말이 붙은 것은 중국의 천자가 아닌데 참칭하여 연호를 붙였기 때문이다. 그런데 임진왜란이 일어난 1592년은 분로쿠 1년으로, 여기 나온 기술에는 착오가 있다.

2 "秀吉得鳥銃之法於南蠻商人, 增其機巧, 選精兵, 厚其衣食, 以時試藝, 而加賞罰焉. 使毛利輝元, 加藤淸正, 小西行長等, 將之. 約以凡有戰勝克敵, 所得財穀以分戰士, 城池以封其長, 多殺敵者爲上功, 戰死者祿其家, 又選其子爲卒, 於是將士樂爲之用, 國中材智勇力者咸歸附. 滅國者二百七十餘, 八州之內統合爲一."(元重擧, 『和國志』卷1, 「秀賊本末」, 103~104면; 박재금 옮김, 104면)

3 "彼其侵犯中國, 凌侮吾邦者, 恃其舟楫與鳥銃也."(元重擧, 『和國志』卷2, 「舟楫」, 392면; 박재금 옮김, 343면)

4 "退計五十年前, 南蠻船一艘漂到倭中, 滿載砲矢及火藥等物, 倭人從此學放砲. 倭性伶俐

善學, 四五十年之間, 妙手遍一國. 今之倭奴, 非古之倭奴也; 而我國之防禦, 又非古之防禦
也, 則疆域之憂, 不可不百倍於前日."(姜沆, 『看羊錄』, 「賊中聞見錄」, 한국문집총간 73, 119
면;『국역 해행총재』Ⅱ, 183면)

5 "功ある者に國多くさき與へられし事, 是一つ, 世俗の稱する所にて, 國を計る者の尤
畏るる所也. 近代にも豊臣太閤を, 今に至る迄人の稱しいふは, 唯此一事也."(新井白石,
『讀史餘論』, 東京: 岩波文庫, 1940, 225면)

6 "旣渡海, 兵倦將惻, 不欲深入, 又我國海上水軍浮樓艦以待, 大明兵充滿於國中. 雖知一戰
勝之, 必不能保其後, 故只築壘於海濱, 爲持久之計. 然倭國旣困于兵, 民人饑寒, 將有分
崩之勢. 而我國之守備比初益完, 人人皆有死敵之意, 故兇徒意沮, 秀吉意快怏, 益生勞倦
之思, 聞諸賊陷南原城, 解蔚山圍之報, 籍沈惟敬和議之名, 而退軍, 去名護屋, 而歸倭京,
築城於伏見邑自居."(元重擧, 『和國志』卷1, 「秀賊本末」, 107-108면; 박재금 옮김, 108면)

7 "彼見我國之土地膏腴, 衣食豐足·其國之法令刻急、戰爭相尋常, 相謂曰: '朝鮮誠樂國也,
日本誠陋邦也.' 或人輒因其言開風曰: '我國待降倭, 極其恩恤, 飮食衣服, 一與將官一樣,
間有得三品重秩者'云. 則聽者莫不吐舌嗟嘆, 誠心願歸."(姜沆, 『看羊錄』, 「賊中封疏」, 한국
문집총간 73, 99면;『국역 해행총재』Ⅱ, 140면)

6. 재조지은(再造之恩)을 다시 생각하다

1 가토 기요마사에 대해서는 國史大辭典編輯委員會, 『國史大辭典』, 東京: 吉川弘文館,
1989, 제3권, 416-417면의 '加藤淸正' 항목(森山恒雄 집필) 참조. 고니시 유키나가
에 대해서는 같은 책, 제5권, 933-934면의 '小西行長' 항목(松田毅一 집필) 참조.

2 "神宗皇帝赫怒, 整旅迅掃狂寇者, 非止眷我東顧而已, 亦所以固圉安疆也. 而說者見皇朝
以東征受弊, 反以咎當時主事者, 此有大不然者. 若欲立視屬國之替當虜鋒, 至於原野無毛,
然後始乃制虜之弊, 則此豈君主天下者之所可忍."(元重擧, 『和國志』卷1, 「秀賊本末」, 110-
111면; 박재금 옮김, 110면)

3 "及其屢戰屢敗, 而始發天下之兵, 則中國之受弊, 奚啻若往時而止耶. 況我國之於皇明義
同內服, 心腹腎腸, 屢百年相孚, 又我地之距燕京, 不過數千里以遠, 烏可諉以外藩, 不爲
之存恤乎. 爲當時計者, 莫若追寇之未殘, 與我國合力而勦滅, 則其勢易於爲功."(元重擧,
『和國志』卷1, 「秀賊本末」, 111면; 박재금 옮김, 111면)

4 "皇朝東征之擧, 在我國有再造之恩, 在皇朝得君天下之體."(元重擧, 『和國志』卷1, 「秀賊本末」, 111면; 박재금 옮김, 111면)

7. 도요토미 히데요시와 도쿠가와 이에야스[德川家康]

1 "秀賴年尙幼, 秀吉使秀賴出拜家康, 因託秀賴曰: '當世英雄惟君與我, 我死之後, 天下事不歸於君, 而將安歸乎. 此子可立則立之, 不然則君可自爲, 仍使家康權監國事, 康拜謝抱歸, 以其女妻秀賴, 以信之. 秀吉死, 秀賴立, 家康亦通問不絶."(元重擧, 『和國志』卷1, 「武州本末」, 119면; 박재금 옮김, 116면)

2 "秀吉則攻城破敵, 敵人旣服, 卽忘讎怨, 城池民社, 一不侵奪, 或以他邑附益之. 家康則暗行恩怨, 一與反目, 則必置之死地而後已. 故諸酋畏力面從, 而無一人心服者云."(姜沆, 『睡隱集』, 『看羊錄』, 「賊中見聞錄」, 한국문집총간 73, 112면; 『국역 해행총재』 II, 167면)

9. 에도 성[江戶城]의 구조

1 "關白所居之處, 城郭溝池, 雄壯鞏固, 想天下第一. 重樓傑閣, 縵回不絶, 粉垣金壁, 照曜天日, 奢麗豪富, 不可勝言."(『癸未東槎日記』, 7월 19일조; 『국역 해행총재』 V, 284면)

2 "及誅除平賊, 而徙都江戶, 築城三重, 周回五十餘里, 公官藩邸, 庶民室屋, 以千萬計. (…) 食富兵强, 以號令六十州, 如臂之使指. 蓋自家康以後百餘年間, 國無桴鼓之警, 君臣不見兵革, 以第宅, 舟車, 服色, 游觀爲務."(申維翰, 『海游錄』 中, 기해년 9월 27일조; 『국역 해행총재』 I, 524면)

10. 경제적 번영과 정치적 안정

1 김인겸, 『일동장유가』 갑신년 1월 20일조; 최강현 역주, 『일동장유가』(보고사, 2007), 270면.

2 김인겸, 『일동장유가』 갑신년 2월 3일조; 최강현 역주, 『일동장유가』(보고사, 2007), 303면.

3 김인겸, 『일동장유가』 갑신년 2월 16일조; 최강현 역주, 『일동장유가』(보고사, 2007), 326면.

11. 제8대 쇼군 도쿠가와 요시무네[德川吉宗]의 일화

1 "吉宗爲人, 精悍俊晢. 年今三十五歲, 氣岸魁傑, 且有局量. 好武而不喜文, 崇儉而斥華奢."(申維翰, 『海遊錄』 中, 기해년 9월 27일조; 『국역 해행총재』 I, 525면)

2 "其爲政必先敦朴, 撫恤窮民, 蠲減逋負, 人犯死罪, 或劓刖以代其死, 國人莫不讚頌. 但其勇力過人, 性喜田獵, 能持三十斤鐵杖, 步上山坂, 有時臂鷹出郊."(申維翰, 『海遊錄』 中, 기해년 9월 27일조; 『국역 해행총재』 I, 526면)

3 "諸臣有服錦而入侍者, 吉宗輒問此衣價直, 卽曰: "吾所着木綿衫, 足以蓋形." 是後侍臣不敢衣錦云."(申維翰, 『海遊錄』 中, 기해년 9월 27일조; 『국역 해행총재』 I, 526-527면)

12. 후지와라 세이카[藤原惺窩]와 강항(姜沆)

1 교고쿠 고몬[京極黃門] 사다이에[定家]: 후지와라노 사다이에[藤原定家]를 가리킨다. '교고쿠[京極]'는 현재 교토의 데라마치도리[寺町通]에 해당하는 옛 지명이며, '고몬[黃門]'은 주나곤[中納言] 벼슬의 중국식 명칭이다.

2 斂夫: 원문에는 "斂大夫"라 되어 있으나 잘못으로 생각된다.

3 "按姜睡隱『看羊錄』, 論舜首座事甚詳, 皆海外豪傑之士也. 其立心不苟, 秉義不偏, 自得不傳之緖, 啓開國中之學, 其功亦大矣. 其所以落髮被緇者, 豈欲自斷世界, 以逃秀賊之虐焰耶, 是未可知也. (…) 起身於戰血滔天之中, 抗東武勇之君, 而講『貞觀政要』 『十七史』, 以至息兵自修, 奠一國於二百年寧泰之運, 則可謂行其志矣, 不害爲其國中命世之賢也. 見今『看羊錄』, 旣已刊行斂夫本末, 自在其中, 玆不復詳云."(元重擧, 『和國志』 권2, 「學問之人」, 321-322면; 박재금 옮김, 272면)

4 "其男子必帶刀劍, 旣帶刀劍, 所治者惟戎力役而已. 惟獨僧人不帶刀劍, 或學醫術, 或業商販, 或推卜, 或供將倭家茶室之灑掃, 此輩皆有妻子, 飲酒食肉, 雜處市肆中, 或敎授生徒, 或尊誦梵唄, 或誦法孔子, 或放浪山野, 說禍福行乞, 此輩皆無妻子, 不食肉, 別處林藪間. 倭男子十分則削髮者居四五, 厭戎事力役, 欲全身遠害者, 盡爲僧故也."(姜沆, 『看羊錄』, 「詣承政院啓辭」, 한국문집총간 73, 125면; 『국역 해행총재』 II, 200면)

13. 하야시 라잔[林羅山]과 에도 막부의 학문

1 '옛사람'은 송나라의 학자인 나종언(羅從彦)을 가리킨다. 이동(李侗)이 나종언(羅從

彦)에 대해 "예전에 나 선생이 『춘추』에 대해 설명하는 것을 보았는데, 아주 좋지는 못하다고 느꼈다. 나부산에 이르러 고요함이 지극하게 된 뒤에는 그 이해가 어떻게 되었는지 모르겠다[舊見羅先生說春秋, 頗覺不甚好. 不知到羅浮靜極後, 又理會得如何]"라고 말했다는 기록이 『주자어류』 권103에 보인다.

2 김세렴과 하야시 라잔의 교류에 대해서는 金世濂, 『海槎錄』, 병자년 11월 22일조를 참조.

3 "聞製述, 書記之言, 則太學頭林信言, 與其子秘書監信愛來見筆談, 而文筆無可觀云. 太學頭是文職, 而亦皆世襲, 則安得不如此也? 信言之高祖林道春號羅山者, 始爲太學頭, 與乙未從事南壺谷往復書札, 頗有文理. 其後世掌是任, 而皆不如道春云矣."(趙曮, 『海槎日記』, 갑신년 2월 22일조; 『국역 해행총재』 Ⅶ, 199면)

4 "外國來往文字, 林氏主之, 今林信言雖稱太學頭, 而其實呼爲御儒者衆, 其位卑. 其子信愛見爲圖書頭, 而又無祿. 然信言實不能自辨文字, 有攝書記三人代述, 故國中文士實無用處. 然各州書記乏人, 則時來求士於太學頭, 而厚幣請之. 故八州文士稍欲自拔者, 皆來托迹, 自稱爲門生, 其中亦多豪傑之才, 視信言不啻百勝, 而愛憎之權在彼, 捨此又無他岐發身, 故前擁後衛, 不敢少忽."(元重擧, 『和國志』 卷1, 「風俗」, 65-66면; 박재금 옮김, 78면)

14. 하야시 일가와 아라이 하쿠세키[新井白石]의 갈등

1 아라이 하쿠세키에 대한 사절들의 인식에 대해서는 박상휘, 「조선후기 일본에 대한 지식의 축적과 사고의 전환」(서울대 박사논문, 2015), 165-176면에서 자세히 검토하였다.

2 "此乃辛卯使臣所得來日東源璵之作也. 語多卑弱, 差有聲響, 君今與此人相對, 可以褊師敵之. 然余意日東地廣, 聞其山水爽麗, 必有才高而眼廣者."(申維翰, 『海遊錄』 上, 서문; 『국역 해행총재』 Ⅰ, 367면)

3 "源璵者, 才足以識古文, 爲詩頗有聲響, 有『白石集』行于世. 其師木下順庵, 亦號博識能文章, 一時好學之徒, 稍稍進用於世, 其文辭往往有可稱. 至今京外諸人, 着力於書林藝苑者, 可謂盛矣."(申維翰, 『海遊錄』 下, 「聞見雜錄」; 『국역 해행총재』 Ⅱ, 68면)

4 아라이 하쿠세키와 하야시 일가의 갈등에 대해서는 揖斐高, 『江戸幕府と儒學者: 林羅山・鵞峰・鳳岡三代の闘い』(東京: 中公新書, 2014), 199-215면 참조. 양자의 갈등

에 대해서는 박상휘(2015), 앞의 논문; 162-164면에서 자세히 다루었다.

5 "源瑛遵師說, 而性矜已傲物. 恃寵驕恣積忤於人, 亦見廢以死. 源瑛旣廢, 雨森東亦失所悒悒, 應馬州之辟, 爲記室, 終於馬州. (…) 林信篤與源瑛分門相角, 而信篤溫厚愛人, 瑛剛愎自用, 欲奪林氏之權, 而自主文事, 多所變亂, 終以此敗. 如辛卯返翰時改書式事及我國通彼文字中, 使諱康光綱等字是也. 大抵木之徒挾才而少德, 若言學問則林與木俱未也. 但林重厚謹畏, 所以能永其後也."(元重擧, 『和國志』 권2, 「學問之人」, 323-324면; 박재금 옮김, 273-274면)

15. 오규 소라이[荻生徂徠]와 고문사학

1 "以豪傑之才, 好奇僻之論, 而長崎舟通後, 得皇明李于鱗·王世貞之文, 而悅之. 遂自倡名爲王李之學, 以王李爲眞儒, 而詆毁程朱, 狂悖兇戾, 无所不至, 所著書多, 至百三十餘卷, 無一言不詆程朱者, 自以爲幸得王李書, 得免醉夢之域, 或曰: '得免虛生一遭'云."(元重擧, 『乘槎錄』, 갑신년 2월 16일-3월 10일; 김경숙 옮김, 349면)

2 "但於文則得叙事之體, 於學則得反身之方, 又以華音授韻書於其徒, 華音通, 然後授之以書, 遂變嘔啾之音, 而誦讀古書, 十倍簡便, 其有功於後生亦大矣."(元重擧, 『和國志』 卷2, 「異端之說」, 326면; 박재금 옮김, 276면)

3 오규 소라이의 한문 교육법에 대한 사절들의 평가에 대해서는 박상휘, 「조선후기 일본에 대한 지식의 축적과 사고의 전환」(서울대 박사논문, 2015), 140-156면 참조.

4 "物茂卿以文學進于綱吉, 頻引接, 多賜與. 然茂卿羈旅新進, 性又謹愼, 無所用事."(元重擧, 『和國志』 卷1, 「武州本末」, 122면; 박재금 옮김, 122면)

16. 일본의 신도(神道)와 불교

1 묘진[明神]: 본래 일본 신도에서 신을 가리키는 호칭 중 하나였는데, 후에 신불습합(神佛習合: 신도와 불교의 절충) 사상에 의거하여 불교의 신적 존재가 일본의 백성을 구제하기 위해 현세에 나타난 것을 가리키는 칭호가 되었다.

2 "僧人則爲一國之所敬待, 而雖凡倭之賤, 一歸釋家, 許通爲倭人之所稱兩班, 渠亦自處甚高. 故凡於歷路所經, 見此類最涉倨傲, 時或橫過道中, 而轎前禁徒不敢呵禁. 常於婦女之中雜坐, 與俗倭無異, 且有挾婦而居寺刹者云."(曺命采, 『奉使日本時聞見錄』, 「總論」; 「국역

해행총재』X, 269면)

3 "初入大坂時, 周規等三僧入來, 達夜談讌. 余以我言笑語兩友曰: '怪僧何不去, 余欲睡
矣.' 卽倚枕而臥. 規卽移紙向我笑書曰: '聞貴國之僧多受侮於儒家, 弊邦則不然. 公何厭
薄衲輩耶.' 余笑書曰: '貴國重佛敎, 而僧多禿驢; 我國斥佛敎, 而僧多寶珠.' 規卽斂笑曰:
'前言戲耳. 敢問貴國今時宗僧誰也?'"(元重擧,『乘槎錄』, 갑신년 6월 14일; 김경숙 옮김,
552-553면)

4 "周規將還平安, 辛勤得請於馬人而入來, 握手揮涕, 涕下沾襟."(元重擧,『乘槎錄』, 갑신년
4월 13일; 김경숙 옮김, 431면)

17. 천황의 도읍지 교토[京都]

1 "後有愛宕山左右拱抱, 南面以治, 山勢明麗, 如圍十重錦步帳, 琵湖浸於前, 浪華帶於後,
實日本之華洛也. 宜其爲數千年都邑. 倭皇居其北, 城闕壯麗."(成大中,『日本錄』, 장14뒤-
장15앞 ; 홍학희 옮김, 170면)

2 "江戶、大坂皆偏局而小, 西京局勢圓滿, 要之爲王者居也."(成大中,『日本錄』, 장17앞 ; 홍
학희 옮김, 174면)

3 "街路方正, 皆如井字, 直衢謂之町, 橫衢謂之通, 町通交錯, 不知其幾."(姜弘重,『東槎錄』,
갑자년 11월 19일조;『국역 해행총재』Ⅲ, 208면)

4 "大路則自東南間而向西北間, 小街則自東而西, 橫街直衢四通五達."(李景稷,『扶桑錄』, 정
사년 8월 21일조;『국역 해행총재』Ⅲ, 67면)

5 "街路如井字形, 洞達方正, 處處市廛."(李景稷,『扶桑錄』, 정사년 8월 21일조;『국역 해행
총재』Ⅲ, 67면)

6 "秀吉起於大坂, 旣統合諸州, 而向畏天皇之議, 其後築伏見城於倭京之南, 己自移居以壓天
皇. 家康歲朝天皇, 而不復拘束. 天皇亦不問, 天皇朝事只留文武兼備者一大臣, 號曰西京
尹, 率兵而戍之. 國人號爲戍洛之兵, 後雖次第撤罷, 而其西京尹則向, 於各州守中擇親信
有才能者處之, 名曰京都御所司代."(元重擧,『和國志』卷1,「風俗」, 58-59면; 박재금 옮김,
71면)

7 "西京、大坂自古俱宿重兵, 所以脅制天皇也."(元重擧,『和國志』卷2,「武州內官職」, 308면;
박재금 옮김, 262면)

18. 요새 도시 에도[江戶]

1 '하코네 관'을 둘러싼 조선과 일본의 갈등에 대해서는 박상휘, 「사행록을 통해서 본 일본 법제도에 대한 인식」(열상고문연구회, 《열상고문연구》 제49집, 2016)을 참조.

2 "關中之人又皆長大勇鷙, 負三海開一面, 而箱根天險, 纔通鳥道. 開關虎眠西方, 國震慴; 不利, 則閉關高臥, 亦自守. 故源賴朝及尊氏將軍, 因之而覇, 家康又自占, 便宜移都於此. 英雄所見古今相符矣."(元重擧, 『和國志』卷1, 「風俗」, 61면; 박재금 옮김, 74면) 하코네 관에 대한 원중거의 분석에 대해서는 박상휘, 같은 논문, 529–530면에서 자세히 다루었다.

19. 항구 도시 오사카[大坂]

1 "實海陸都會, 而秀吉舊都也. 習俗儇巧, 商利簇集, 爲國中第一. 浪華江至大坂城下, 秀吉鑿爲八派, 人家夾江爲居, 家家相背, 商船泊於門外."(成大中, 『日本錄』, 장13뒤; 홍학희 옮김, 2006, 168면)

2 "浪華江水勢甚平, 春水大生, 不過四五尺長, 是故江邊人家無衝射之慮."(成大中, 『日本錄』, 장15뒤; 홍학희 옮김, 2006, 172면)

3 "蓋浪華發源遠, 地勢夷平, 水亦漫緩, 常無衝激之患. 大坂距河口三十里, 潮之縮, 常不過三四尺, 水潦易洩, 潮頭亦緩. 故石築可久, 編木不圮, 臨水之家常狎而翫之, 非獨人巧然也. 實由水勢順也. 故近水而無水害者, 無如日本, 日本無如大坂者矣."(元重擧, 『和國志』卷1, 「風俗」, 55면; 박재금 옮김, 67–68면)

20. 차(茶)를 즐겨 마시는 일본인

1 신숙주, 『해동제국기』 서문 참조.

2 "大抵江戶之所以爲國者, 一曰武, 二曰法, 三曰智, 四曰恩."(元重擧, 『和國志』卷1, 「風俗」, 69면; 박재금 옮김, 80면.)

3 "人喜啜茶, 路傍置茶店, 賣茶, 行人投錢一文, 飮一椀."(申叔舟, 『海東諸國記』, 「國俗」; 『국역 해행총재』 I, 98–99면)

4 "國中貴賤男女, 無一飮水之法, 而必飮茶湯, 卽家家蓄茶, 甚於穀物. 茶是雀舌之類, 而或取靑芽, 搗乾細末, 溫湯調飮; 或以長葉煮湯, 去滓而飮, 每食後必健倒一盃. 至於市街道

路, 設壚煎茶者, 千里相望. 使行大小數百人, 日日所供, 各得靑茶一合, 葉茶一束, 而所過
館中, 別置茶僧, 晝夜煎湯以待. 其俗之日用常禮, 莫茶若也."(申維翰, 『海遊錄』下, 「聞見
雜錄」; 홍학희 옮김, 211면) 신유한의 이 글은 성대중의 『일본록』에 재수록되었다.
번역은 홍학희의 번역을 참조하되 일부 수정하였다.

5 "余常怪其食甘淡, 而無蛔虫, 豈其啜茶, 故無積聚而然耶? 其儒士常問余曰: '貴國之人不
飮茶, 而無病, 何也.' 余曰: '是習性使然. 我之不飮茶, 猶君輩甚飮茶, 有病無病, 不係於
是.' 其人笑謝."(元重擧, 『和國志』卷2, 「飮食」, 361면; 박재금 옮김, 312면)

6 "喜服茗茶, 茗卽我國雀舌木也. 軟葉作末, 謂之靑茶. 淸茶價貴, 惟貴人服之. 柒筒帶從,
溫湯調服, 其餘則四時取柯葉, 爛烹常服. 飽可使降下, 饑可使行氣, 寒可使溫, 熱可使淸,
滯可使通, 渴可使潤, 家家置茶壚, 人人攜茶具, 路傍市廠無處無茶肆. 男女老少常取一小
鍾, 吹熱以啜. 國中少癥結, 蚘蛔, 瘡瘇, 腫腿, 痰涎之疾者, 似由服茶之效也."(元重擧, 『和
國志』卷3, 「醫藥」, 401면; 박재금 옮김, 347면)

21. 재가(再嫁)를 둘러싼 대화

1 "其後師曾問余曰: '聞貴國女子, 勿論貴賤, 不再適, 不更夫云, 信然耶.' 余曰: '若賤人則
不可謂全無更夫者, 而賤人中, 喪夫守節者亦十之七八, 良戶以上則無再適者.' 曾曰: '此乃
中國書籍以來所不能者, 而貴國能之, 儘天下萬世仁義之國也.' 余曰: '旣稱書籍以來所無,
貴國還有此俗, 士夫家亦不以爲媿乎.'"(元重擧, 『乘槎錄』, 갑신년 6월14일; 김경숙 옮김,
539–540면)

22. 맵고 짠 조선 요리, 달고 싱거운 일본 요리

1 "倭人最重鯨膾, 必峻價而買之, 以爲宴客之華饌. 柔滑脂澤, 別無異味. 余謂通事曰: '聞日
本人捕得一大鯨, 可致終身富厚云, 果然否?' 答曰: '奚止於終身? 可以傳世. 公侯貴家以鯨
膾鯨醢, 爲第一名品, 取之者不惜重價. 日本燈燭, 皆用鯨膏, 而鯨肉一拳之大, 能得膏一
盂, 是其販賣之利, 立致萬金. 齒骨鬐鬛, 皆造器物, 其利亦衆. 所以海浦居民, 有日捕鯨將
者, 聚徒費財, 設網罟器械. 其得而致富者亦鮮矣."(申維翰, 『海遊錄』下, 「聞見雜錄」; 『국역
해행총재』Ⅱ, 42–43면)

2 "倭俗大宴必設鯨肉, 不宰牛羊, 而今爲使行, 將殺牛饗之云."(曺命采, 『奉使日本時聞見錄』,

무진년 3월 7일조; 『국역 해행총재』 X, 50면)

3 "魚膾甚, 羹或小可, 而醬味甘香, 若使我人啗之, 決難鎭胃."(曺命采, 『奉使日本時聞見錄』, 「總論」; 『국역 해행총재』 X, 266면)

4 "所凡進數十器, 有灑金水鳥, 灑金鷄鶩之屬, 但示奢巧, 不可以食."(南玉, 『日觀記』, 갑신년 1월 21일조; 김보경 옮김, 354면)

5 "其儒士輩見我飮食嘗之甚奇, 而至辛醲油膩者, 輒稱油氣醶氣辛氣太盛云矣."(元重擧, 『和國志』卷2, 「飮食」, 361면; 박재금 옮김, 312면)

23. 정결한 일본인

1 "俗尙沐浴, 雖隆冬不廢, 每於市街頭, 設爲沐室收其直."(金世濂, 『海槎錄』, 「聞見雜錄」, 『해행총재』 Ⅳ, 171면)

2 "性好精潔, 洒掃不撤, 一日沐浴, 或至再三."(南龍翼, 『聞見別錄』, 風俗; 『국역 해행총재』 Ⅵ, 83면)

3 "俗呼溷廁曰雪隱, 雪隱之旁, 必有浴室, 浴室中置大桶貯水, 旁有一床, 床上置白紵布數尺. 其俗如廁之後, 必洗浴, 故有桶, 有床, 有巾."(申維翰, 『海遊錄』 下, 「聞見雜錄」; 『국역 해행총재』 Ⅱ, 48면)

4 "所館之家, 雖不至宏豁, 不施丹雘, 其精洒淨潔則無比."(林絖, 『丙子日本日記』, 병자년 10월 12일조; 『국역 해행총재』 Ⅲ, 322면)

5 "蓋其俗尙甚喜精潔, 其居處凡百, 殆若修道僧庵, 絶無一點塵埃."(曺命采, 『奉使日本時聞見錄』, 「總論」; 『국역 해행총재』 X, 269면)

24. 가마꾼들에게 말해본 일본어

1 이 단락은 한자를 음차(音借)하여 일본어 단어를 전사(傳寫)해 놓았는데, 현대 일본어 발음과 조금 다르게 적힌 경우 참조를 위해 본 발음을 함께 제시하면 다음과 같다. '면시(眠時)'는 메시(めし)를, '앙갈리(央喝伊)'는 아가리(あがり)를, '마시(麻時)'는 마스(ます)를 음차한 것이다. 그 외에 '유미(由未)'는 우미(うみ)를, 민주(民注)는 미즈(みず)를, '희이(噫伊)'는 히(ひ)를, 후데(侯代)는 후데(ふで)를, '수미(愁未)'는 스미(すみ)를, '수수리(愁愁里)'는 스즈리(すずり)를 음차한 것이다.

2   李德懋, 『蜻蛉國志』「藝文」; 『靑莊館全書』권64, 한국문집총간 259, 165면.

3   "合諺文片假名參用數三楷子, 以行語通情. 國中男女上下以至人足之類, 無不書知."(元重
     擧, 『和國志』卷2, 「片假名」, 335면; 박재금 옮김, 287면)

4   "欲與執輿并行, 而執輿方在後, 余號曰: '沙伊老五', 沙伊老五俯首合掌而應曰: '何(應唯
     也)', 指後曰: '彼老里毛老(乘物之方言也)', 何要何要(促行也), 此老里毛老, 疏老疏老(徐
     徐也).' 旣并行相當曰: '欲可欲可(好好也).' 兩輿卒皆大笑."(元重擧, 『乘槎錄』, 갑신년 1월
     30일조; 김경숙 옮김, 269-270면)

25. 법이 엄격한 일본

1   일본의 법에 대한 사절들의 인식에 대해서는 박상휘, 「사행록을 통해서 본 일본
     법제도에 대한 인식」(열상고문연구회,《열상고문연구》제49집, 2016)을 참조.

2   "犯逆罪, 則立十字木, 裸而釘手, 懸之通街, 使行路備燒剕, 極慘毒, 然後刑之."(南玉, 『日
     觀記』, 「總記」; 김보경 옮김, 586면)

3   "然而人鮮作犯, 罕有盜賊, 外戶不閉, 行旅露宿, 至於市廛物貨, 晝夜暴露, 此其酷刑之效
     也."(姜弘重, 『東槎錄』, 「聞見總錄」; 『국역 해행총재』 Ⅲ, 283면)

26. 일본의 칼

1   에도 시대의 칼 소지에 대해서는 石井良助, 『新編 江戶時代漫筆』上(東京: 朝日選書,
     1979), 64-70면 참조. 石井良助에 의하면 허가를 받은 조닌(町人: 주로 상인과 공인
     을 말함)에 한하여 칼을 소지할 수 있었다(같은 책, 69면).

2   "其成人之禮只在帶劍, 有官者雙劍, 無官者一劍."(元重擧, 『和國志』卷2, 「四禮」, 346면; 박
     재금 옮김, 299면)

27. 오사카[大坂]에서 본 광경

1   "是日亦行査, 故彼人難我多出. 良醫及閔, 曺, 梁三人, 欲同出, 彼言, 此則朝者出令之外,
     若往復有司而出, 勢將移時云. 故俱皆不出, 獨余與徐令, 以朝先出令, 遂獲出, 而亦於出門
     時, 考準文書, 從人則先計數, 出立門外, 始許上官出矣."(元重擧, 『乘槎錄』, 갑신년 4월 16
     일조; 김경숙 옮김, 434면)

2　"蓋自淀浦分注八大派, 而溝渠縱橫, 其形如織堤上, 皆人家下抵, 我船所約十五里, 而過橋者凡十三."(元重擧,『乘槎錄』, 갑신년 4월 16일조; 김경숙 옮김, 435면)

3　"上下十五里之間, 兩岸皆人家樓閣, 而家皆興販. 岸皆造舟, 鋸者, 斲者, 架船板者, 修裝船閣者, 間有木物曳上者, 筏而上下者, 買燒木者, 買大升者, 撑木而曬者, 令人纈眼."(元重擧,『乘槎錄』, 갑신년 4월 16일조; 김경숙 옮김, 435-436면)

28. 카스텔라와 스기야키

1　中川淸,「南蛮菓子と和蘭陀菓子の系譜」(『駒沢大学外国語部論集』58, 2003), 72-73면.

2　스키야키의 어원에 대해서는 國史大辭典編輯委員會,『國史大辭典』, 東京: 吉川弘文館, 1989, 제8권, 75면의 'すきやき' 항목(大塚力 집필) 참조.

3　高正晴子,『朝鮮通信使の饗應』(明石書店: 2001) 참조.

29. 고구마의 재배법

1　"島中有草根可食者, 名曰甘藷, 或謂孝子麻, 倭音古貴爲麻. 其形或如山藥, 或如菁根, 如瓜如芋, 不一其狀."(趙曬,『海槎日記』, 계미년 6월 18월조;『국역 해행총재』Ⅶ, 311면)

2　"蓋自佐須至豊崎以後, 則地勢陽明, 頗似生人世界, 亦多山田. 豊崎下, 岸上南向有虛幕數十處, 問之倭人, 答謂: '諸種藏置處, 蓋諸性易凍惡濕, 尤忌火氣, 故別爲此幕厥地, 以藏日寒, 則深藏厚覆, 使不凍, 少煖則開戶, 以通氣, 大暖則開苞以納陽, 故一日之內, 或至三四轉移, 所以家家不能各藏, 當春必買取以蒔, 而藏種者逐隙其利'云. 以此推之, 我國雖使宜土種, 不可久傳也."(元重擧,『乘槎錄』, 계미년 11월 20일조; 김경숙 옮김, 87-88면)

3　"甘藷, 薯蕷, 牛蒡子, 蘆根之屬俱作羹. 蔓菁, 蘿葍, 芥葉, 芹, 蔥, 瓜, 茄之屬俱爲通行菜品. 蔥根之大或如拳, 而少辛烈之氣, 有甘和之味. 芋大者如鉢如鍾, 喜煨食, 鮮爲羹臛用. 甘藷略似薯蕷, 而其尾尖細, 色純黃, 煨食則甘於煨栗. 但比栗有淸濁之別. 蒸湯煮無不可, 尤喜煨食如芋, 故沿路廠肆半是煨芋藷賣者."(元重擧,『和國志』卷2,「飮食」, 357-358면; 박재금 옮김, 309면)

30. 도쿠가와 막부의 군사제도

1 『國史大辭典』, 東京: 吉川弘文館, 1989, 제11권, 588면 '八王子千人同心' 항목(村上直 집필) 참조.

2 "銃丸是其國之産, 而使行上下砲時, 群倭輒驚惶失色, 如小兒狀. 以是知其所謂每月試藝者 虛言也. 承平旣久, 武備漸弛, 又其戒禁甚嚴, 以兵爲諱, 文風比前稍盛. 失蠻夷本色, 要非 可久之道也."(南玉, 『日觀記』, 「總記」, 源系; 김보경 옮김, 559면)

31. 일본에서 네덜란드 사람을 보다

1 '일곱 개 주'는 1581년에 성립한 네덜란드 7개주 연합공화국의 주를 가리킨다. '세 이라모지(世伊羅牟止)'는 제일란트(Zeeland)를, '구류우녜해(其留宇襦解)'는 흐로 닝언(Groningen)을, '우이다량목(宇伊多良木)'은 위트레흐트(Utrecht)를, '계류지우 모지(計留止宇牟止)'는 헬데를란트(Gelderland)를, '호우포류이세류(乎宇布留伊世 流)'는 오버레이셀(Overijssel)을, '포리이수량모지(布利伊須良牟止)'는 프리슬란트 (Friesland)를, '호량모태(乎良牟太)'는 홀란트(Holland)를 각각 가리키는 것으로 생 각된다. 島田勇雄 外 역주, 『和漢三才図会』3, 東京: 平凡社, 1986, 404면의 각주 1번 참조.

2 '소문답랄(蘇門答剌)'은 수마트라를, '파우(琶牛)'는 미얀마 남부의 페구를, '파사(波 斯)'는 페르시아를 가리킨다. 방갈랄(傍葛剌)은 뱅골(Bengal)을, '발니(渤泥)'는 보르 네오를 가리킨다.

3 "途見阿蘭陀人五人, 比倭人長大, 而黑布纏股上至腰下, 衣制略如倭. 去鬚不剃頭, 以髮 向後束而垂之, 油以膩之, 不帶劍云."(南玉, 『日觀記』, 갑신년 4월 11일조; 김보경 옮김, 475면)

4 "中國醫書無所不備, 而深信我國東醫寶鑑, 大板小板刊印者甚繁. 小兒方則重阿蘭陀來者. 自言得阿蘭陀方以後, 國中少小兒夭札之患云."(元重擧, 『和國志』卷3, 「醫藥」, 400-401면; 박재금 옮김, 347면)

5 "仲達常言自得阿難陀醫方, 國中少夭殤云. 士賓用厚價買阿難方來."(元重擧, 『乘槎錄』, 갑 신년 1월 25일조; 김경숙 옮김, 347면)

6 "朝鮮ハ外國ノ賣船至ルコトナク, 中華ヘモ陸路ノ徂徠杵ナルヲ以紅毛ノ外治法絕テコ

レナシ. 故ニ甲申ノ聘使ノ時,　良醫纂庵, 子ニ向テ請テ曰,　阿蘭陀ノ醫書アラハ, 携
ヘ來テ見セシメヨト. 其書外科ノ家ニ傳フレドモ, 皆國字ナレハ, 朝鮮人ハ解スルコト
ヲ得シ. 又紅毛人ノ書タル文字ハ例ノ蟹行, 言語ハ朱離ニシテ彌彌通シカタシ,　遺恨
ノコトナリ."(南川維遷,『金溪雜話』下, 장25뒤, 東京都立日比谷圖書館 소장본)

부록 1. 이서구의『청령국지』서문

1 "이는~형암(炯菴)"까지는 이서구의 글에 이덕무가 붙인 평어(評語)이다. '형암'
　 은 이덕무의 호.

부록 5.『청령국지』인용 목록

1 그대로 인용한 곳과 간추려서 인용한 곳, 또 조금 변개되어 있는 곳을 모두 포함
　 하여 표를 작성하였다. 출처를 모르는 구절은 생략하였다.『화국지』뒤에 쓴 숫자
　 는 李佑成 編,『和國志』, 栖碧外史海外蒐佚本30(亞細亞文化史社, 1990)에 기입된 면수
　 이다.『화한삼재도회』는『三才』로『화한명수』는『名數』로 표기하였다.

참고문헌

1. 자료

국내 자료

姜沆, 『看羊錄』, 민족문화추진회 편, 『국어 해행총재』 II, 수록

姜弘重, 『東槎錄』, 『국역 해행총재』 III 수록.

慶暹, 『海槎錄』, 『국역 해행총재』 II 수록.

金世濂, 『槎上錄』, 『국역 해행총재』 IV 수록.

金仁謙, 『日東壯遊歌』; 최강현 역, 『일동장유가』, 보고사, 2007.

南玉, 『日觀記』, 국사편찬위원회 소장.

＿＿＿, 김보경 옮김, 『日觀記─붓끝으로 부사산 바람을 가르다』, 소명출판, 2006.

南龍翼, 『扶桑錄』, 『국역 해행총재』 V · VI 수록.

柳得恭, 『泠齋集』, 한국문집총간 260.

李德懋, 『蜻蛉國志』, 『靑莊館全書』 卷65, 한국문집총간 259.

＿＿＿, 「盎葉記」 『靑莊館全書』 권58, 한국문집총간 259.

_____,『국역 청장관전서』11, 민족문화추진회 편, 솔, 1997.

李書九,『楓石鼓篋集』, 한국문집총간 288.

成大中,『日本錄』, 고려대 소장.

_____, 홍학희 옮김,『日本錄-부사산 비파호를 날 듯이 건너』, 소명출판, 2006.

_____,『槎上記』, 고려대 소장.

申叔舟,『海東諸國記』,『국역 해행총재』Ⅰ.

申維翰,『海遊錄』,『국역 해행총재』Ⅰ·Ⅱ 수록.

元重擧,『和國志』; 李佑成 編,『和國志』, 亞細亞文化社, 1990.

_____, 김경숙 옮김,『乘槎錄-조선후기 지식인, 일본과 만나다』, 소명출판, 2006.

_____, 박재금 옮김,『和國志-와신상담의 마음으로 일본을 기록하다』, 소명출판, 2006.

_____,『乘槎錄』, 고려대학교 도서관 소장.

林絖,『丙子日本日記』,『국역 해행총재』Ⅲ 수록.

曹命采,『奉使日本時聞見錄』,『국역 해행총재』Ⅹ 수록.

趙曮,『海槎日記』,『국역 해행총재』Ⅶ.

『癸未東槎日記』;『국역 해행총재』Ⅴ.

국외 자료

國史大辭典編輯委員會,『國史大辭典』, 東京: 吉川弘文館, 1989.

南川維遷,『金溪雜話』下, 東京都立日比谷圖書館 소장본.

島田勇雄 外 역주,『和漢三才図会』, 東京: 平凡社, 1986.

寺島良安,『和漢三才圖會』, 中近堂, 1888, 일본 국회도서관.

新井白石, 讀史餘論, 東京: 岩波文庫, 1940.

原念齋, 源了圜·前田勉 譯註,『先哲叢談』, 東京: 平凡社 東洋文庫, 1994.

貝原益軒,『和漢名數』, 洛陽書堂, 1692, 일본 국회도서관.

2. 연구논저

박상휘, 「사행록을 통해서 본 일본 법제도에 대한 인식」, 열상고문연구회, 《열상고문연구》 제
    49집, 2016.

_____, 「조선후기 일본에 대한 지식의 축적과 사고의 전환」, 서울대 박사논문, 2015.

박희병, 「조선의 일본학 성립: 원중거와 이덕무」, 《한국문화》 61, 서울대 규장각 한국학연구원,
    2013.

임형택, 「계미통신사와 실학자들의 일본관」, 《창작과 비평》 85호, 창비, 1994.

하우봉, 「李德懋의 《蜻蛉國志》에 대하여」, 《전북사학》 제9집, 1985.

高正晴子, 『朝鮮通信使の饗應』, 明石書店, 2001.

夫馬進, 『朝鮮燕行使と朝鮮通信使』, 名古屋: 名古屋大學出版會, 2015.

石井良助, 『新編 江戸時代漫筆』上, 東京: 朝日選書, 1979.

揖斐高, 『江戸幕府と儒學者: 林羅山 · 鵞峰 · 鳳岡三代の闘い』, 東京: 中公新書, 2014.

中川清, 「南蛮菓子と和蘭陀菓子の系譜」, 『駒沢大学外国語部論集』 58, 2003.

| 찾아보기 |

인명

'규장각 고전 총서' 발간에 부쳐

고전은 과거의 텍스트이지만 현재에도 의미 있게 읽힐 수 있는 것을 이른다. 고전이라 하면 사서삼경과 같은 경서, 사기나 한서와 같은 역사서, 노자나 장자, 한비자와 같은 제자서를 떠올린다. 이들은 중국의 고전인 동시에 동아시아의 고전으로 군림하여 수백 수천 년 동안 그 지위를 잃지 않았지만, 때로는 자신을 수양하는 바탕으로, 때로는 입신양명을 위한 과거 공부의 교재로, 때로는 동아시아를 관통하는 글쓰기의 전범으로, 시대와 사람에 따라 그 의미는 동일하지 않았다. 지금은 이들 고전이 주로 세상을 보는 눈을 밝게 하고 마음을 다스리는 방편으로서 읽히니 그 의미가 다시 달라졌다.

그러면 동아시아 공동의 고전이 아닌 우리의 고전은 어떤 것이고 그 가치는 무엇인가? 여기에 대한 답은 쉽지 않다. 중국 중심의 보편적 가치를 지향하던 전통 시대, 동아시아 공동의 고전이 아닌 조선의 고전이 따로 필요하지 않았기에 고전의 권위를 누릴 수 있었던 우리의 책은 많지 않았다. 이 점에서 우리나라에서 고전은 절로 존재하였던 과거형이 아니라 새롭게 찾아 현재적 가치를 부여하면서 그 권위가 형성되는 진행형이라 하겠다.

서울대학교 규장각한국학연구원은 법고창신의 정신으로 고전을 연구하는 기관이다. 수많은 고서 더미에서 법고창신의 정신을 살릴 수 있는 텍스트를 찾아 현재적 가치를 부여함으로써 새로운 고전을 만들어가는 일을 하여야 한다. 그간 이러한 사명을 잊은 것은 아니지만, 기초적인 연구를 우선할 수밖에 없는 현실로 인하여 우리 고전의 가치를 찾아 새롭게 읽어주는 일을 그다지 많이 하지 못하였다. 이제 이 일을 더 미룰 수 없어 규장각한국학연구원에서는 그간 한국학술사 발전에 큰 기여를 한 대우재단의 도움을 받아 '규장각 새로 읽는 우리 고전 총서'를 기획하였다. 그 핵심은 이러하다.

현재적 의미가 있다 하더라도 고전은 여전히 과거의 글이다. 현재는 그 글이 만들어진 때와는 완전히 다른 세상이다. 더구나 대부분의 고전은 글 자체도 한문으로 되어 있다. 과거의 글을 현재에 읽힐 수 있도록 하자면 현대어로 번역하는 일은 기본이고, 더 나아가 그 글이 어떠한 의미가 있는지를 꼼꼼하고 친절하게 풀어주어야 한다. 우리 시대 지성인의 우리 고전에 대한 갈구를 이렇게 접근하고자 한다.

'규장각 새로 읽는 우리 고전 총서'는 단순한 텍스트의 번역을 넘어 깊이 있는 학술 번역으로 나아가고자 한다. 필자의 개인적 역량에다

학계의 연구 성과를 더하여, 텍스트의 번역과 동시에 해당 주ス
관하는 하나의 학술사, 혹은 문화사를 지향할 것이다. 이를 통현
리의 고전이 동아시아의 고전, 혹은 세계의 고전으로 발돋움할
기를 기대한다.

기획위원을 대표하여 이종묵

저자

이덕무(李德懋, 1741~1793)

조선후기 실학의 시대를 상징하는 문인이다. 서얼 출신으로 가난 속에서 살면서 독서와 학문에 힘썼다. 좋은 벗을 만나 인연을 맺는 것과 좋은 글을 읽고 마음의 대화를 나누는 것을 생애의 즐거움으로 삼았다. 고금의 문장에 통달하였고, 중국 문인뿐 아니라 일본 문인의 글도 즐겨 읽었다. 계미통신사로 일본에 다녀온 원중거(元重擧)와 절친하게 지냈으며, 계미년의 사절들이 일본에서 가져온 일본 문인의 시집 편찬에 적극 협조하였다. 특히 당시 사절들이 선물로 받은 「겸가당 아집도(蒹葭堂雅集圖)」에 깊은 인상을 받은 것으로 알려져 있다. 문집으로 『청장관전서(靑莊館全書)』가 있다.

역해자

박상휘

일본 도쿄에서 태어났다. 동경외국어대학을 졸업한 후 동경대학에 학사입학하고 동 대학원에서 석사를 마쳤다. 서울대학교 국문학과에서 조선통신사에 관한 연구로 박사학위를 받았다. 현재 중국 중산대학(中山大學) 국제번역학원(國際飜譯學院) 특빙연구원(特聘研究員)으로 재직하고 있다. 주요 논문으로 「조선후기 존황사상의 전파와 천황제 인식의 변화」, 「'호생오사'와 '낙사오생' -조선 문인이 본 일본 무사」 등이 있다.

박희수

서울대학교 국어국문학과 학부를 졸업하고 동 대학원에서 박사과정을 수료하였다. 논문으로 「동계 조귀명 유기 연구」가 있다.

청령국지
18세기 조선 지식인의 일본 인문지리학

1판 1쇄 찍음 | 2017년 12월 15일
1판 1쇄 펴냄 | 2017년 12월 28일

저　자 | 이덕무
역해자 | 박상휘·박희수
펴낸이 | 김정호
펴낸곳 | 아카넷

출판등록 2000년 1월 24일(제2-3009호)
10881 경기도 파주시 회동길 445-3 2층
전화 031-955-9515(편집)·031-955-9514(주문) | 팩시밀리 031-955-9519
책임편집 | 김일수
www.acanet.co.kr | www.phildam.net

ⓒ 박상휘·박희수, 2017

Printed in Seoul, Korea.

ISBN 978-89-5733-581-9　94080
ISBN 978-89-5733-230-6　(세트)

이 도서의 국립중앙도서관 출판시도서목록(CIP)은
서지정보유통지원시스템 홈페이지(http://seoji.nl.go.kr)와
국가자료공동목록시스템(http://www.nl.go.kr/kolisnet)에서
이용하실 수 있습니다.(CIP제어번호: CIP2017033426)